KB128057

산,

또 다른
나와
마주한 시간들

애타게 찾던
삶의 꽃은,

내 안에 있었다

산, 또 다른 나와 마주한 시간들

정성교 지음

산을 사랑하는 사람들의 { 공감 에세이! }

독서와 산을 만난 후
내 인생은 달라졌다

등산이 단순히 정상을 오르는 행위에서 그치는 것이 아닌,
새로운 삶의 목적과 깨달음을 가져다주는 계기가 될 것이다.

추천사

"책 속에 답이 있다. 성공한 사람들은 모두 책을 읽는다. 책을 읽지 않으면 속수무책인 사람이 된다." 독서의 중요성에 대한 격언은 차고도 넘친다. 독서가 중요하다는 사실을 모르는 사람은 거의 없다. 하지만 책을 읽는 사람 또한 거의 없고 증세는 점점 심해진다. 왜 그럴까? 이유는 무엇일까? 주변에 그런 사람이 없기 때문이다. 증거가 없는데 막연하게 책을 읽으라고 하니까 씨알이 먹히지 않는 것이다. 근데 책을 읽으면 이렇게 사람이 변할 수 있다는 증거가 바로 이 책의 저자 정성교 본부장이다. 난 1년 이상 이 회사의 북클럽을 진행하고 있고 그 과정에서 참석자들이 어떻게 변하는지를 거의 실시간으로 목격하고 있는데, 그중 저자가 발군이다. 그는 단순히 책을 읽는 데 그치지 않고 매주 산을 타면서 그가 배운 걸 생각하고 이를 글로 옮겼고, 그 글을 매주 내게 보냈다. 난 그의 글을 읽으면서 사람이 이렇게 빨리 성장할 수 있다는 사실을 목격하고 있다. 당연히 그가 이끄는 본부가 여러 면에서 탁월성을 보이고 있다. 사는 게 힘든가? 뭔가 열심히 하는데 일이 잘 풀리지 않는가? 돌파구를 찾고 있는가? 이 책을 읽어보라. 그를 만나보라.

한스컨설팅 대표
한근태

프롤로그

당신은 산을 걸어 본 적이 있습니까? 내게도 산은 그저 '하나의 글자'에 불과했습니다. 그런데 어느 날, 우연한 계기로 산을 찾았고 오늘도 나는 산을 걷고 있습니다. 배울 것이 많아 자주 찾았고, 이제는 산과 친구가 되었습니다. 계속해서 친구가 늘어나도 언제나 그들은 변함없이 그곳에 있어 주었습니다. 때때로 일상으로 다가와 산이 날 부르면, 어김없이 그곳으로 향했습니다. 말없이 안아주고, 불러주고, 찾아주던 '산'은 그렇게 저의 가장 친한 친구가 되었습니다.

이 책을 쓰게 된 데에는 메리츠화재의 CEO 김용범 부회장님이 계셨습니다. 2022년 4월, 본부장 북클럽과 독서토론을 개최해 주신 덕에 평생 한 권의 책도 보지 않던 내가 책을 읽기 시작했고, 독서에 빠지기 시작했습니다. 독서를 통해 나는 '실행력'을 크게 배웠고, 느끼고 배운 깨달음을 통해 무언가를 즉시 시작할 수 있었습니다. 북클럽에 참가한 지 1년이 지날 즈음, 무라카미 하루키의 『달리기를 말할 때 내가 하고 싶은 이야기』를 만나게 되었습니다. 이 책을 통해 등산이라는, 즉시 시작할 수 있는 과제를 준비해야겠다고 생각했습니다.

그래서 올라갈 산을 정했고, 오르고 내려오는 길에 삶의 여러 가치를 깨달았습니다. 그 깨달음을 글로 정리하다 보니 생각보다 글이 잘 써졌고, 결국 '산'이라는 주제로 책을 써보자고 다짐했습니다. 산에 대해 아는 것도 없고 등산복, 등산화 하나 없던 무지한 등산 초보가 산에 대해 글을 쓴다는 것 자체가 어이없을 수 있습니다. 하지만 요즘은 산에 대해 안다고 말하는 것 자체가 오히려 어이없는 것이 아닐까 하는 생각이 듭니다. 산이란 모두에게 그 오름의 이유가 다르고 가르침을 내려주는 것 또한 다르다고 생각합니다.

책과 산을 만나기 전 내 삶은 어둠과 같았습니다. 칠흑 같은 어둠을 밝힐 무언가를 찾고 있을 때 아련하게 어떤 글이 적힌 종이가 보였습니다. 스치듯 떠오른 종이를 마음에 옮기자 종이는 타오르기 시작하였고, 이내 어둠을 깬 깨우침은 빛처럼 스며들어 보지 못하던 세상의 문을 밝혀주었습니다. 그 순간, 어둠을 밝히는 것은 빛만이 아니라는 것을 깨닫게 되었습니다. 그때부터 산과 책 그리고 나, 이 셋만 있다면 깊은 배움을 얻을 수 있다는 것을 알게 되었고 내 안의 어둠을 밝히지 못하면 내 삶은 '정전'된다는 것을 깨우치게 되었습니다. 그렇게 책을 읽고 산을 오르면서 번뜩이는 깨우침으로 삶의 '변화'가 시작되었습니다. 선물 같은 독서와 등산은 세상의 어떤 조합보다 강력했고, 온전히 글에 집중할 수 있었던 이유가 되었습니다.

이 책은 단순히 한 사람이 독서를 통해 생각과 행동이 변화된 것을 말하는 게 아닙니다. 산을 오르며 자신과 깊은 대화를 통해 책에서는 얻을 수 없는 깨달음을 자연 속에서 자연스럽게 알아가며 성장하고 변화해 가는 내용을 담고 있습니다. 변화가 아닌 '변했다'라고 말하고 싶습니다. 완전히 다른 사람으로 태어난 내게 대체 무슨 일이 있었는지 확인할 수 있을 거라 믿습니다. 이 책을 읽는 독자들에게 조금의 위로와 위안을, 그리고 성장에 도움이 되기를 바랍니다. 그리고 '산'을 사랑하고 아끼는 '산인'들과 대관령에서 만났던 싸이클로, 롤러 스키어, 그리고 하나에 미쳐 자신을 이겨내려 노력하는 분들께도 경의를 표합니다.

혼자서는 완성될 수 없던 책이었습니다. 완성되기까지 매번 글을 검토해 주셨던 한스컨설팅의 한근태 대표님이 계셨습니다. 무지하고 부족한 글을 읽어주시고 방법을 일러주시고, 많이 혼내주셔서 더 열심히 집중해서 쓸 수 있었습니다. 돌이켜보니 세상에서 가장 달콤한 '혼남과 배움'의 시간이었습니다. 이 책을 빌려 다시 한번 감사의 말씀을 전합니다. 정적과 적막이 가득한 어둠에 떠오르는 해처럼 나타나 주신 김용범 부회장님과 한근태 대표님께 진심으로 감사드립니다.

스스로 혼자가 되어 찾았던 산에서 여러 명의 나를 만나 즐거웠고, 지금껏 만나보지 못한 또 다른 나를 만날 수 있어 행복했습니다. 흐르는 물과 떨어지는 폭포, 나무와 꽃, 바람과 비, 돌과 암석, 흙과 모래, 동물과 새, 해와 달 그리고 별, 어둠과 빛…. 그 속을 걸으며 꿈만 같던 자연과의 대화에서 깨우침을 얻고, 이해와 배려의 가르침을 느끼고 배웠습니다. 나를 찾아가는 시간에 외로움 대신 즐거움이 있던 신비한 여행길의 이야기를 여러분께 전하고자 합니다. 진정한 여러분의 내면을 찾는 여행에 이 책이 도움이 되었으면 좋겠습니다.

감사합니다.

정 성 교

차 례

속리산

덕유산

월악산

일월산

오대산

함백산

남덕유산

속리산

아직 높이에 대한 선망을 가진 나에게
세속을 벗어나도
세속의 습관은 남아 있는 나에게
산은 어깨를 낮추며 이렇게 속삭였다
산을 오르고 있지만
내가 넘는 건 정작 산이 아니라
산속에 갇힌 시간일 거라고,
오히려 산 아래서 밥을 끓여먹고 살던
그 하루하루가
더 가파른 고비였을 거라고,
속리산은
단숨에 오를 수도 있는 높이를
길게 길게 늘여서 내 앞에 펼쳐주었다

나희덕의 詩, 〈속리산에서〉 중에서

나는 요즘 흔히 등산 초보라 일컫는 '등린이'다. 2년째 이어오던 새벽 4시 6천 보 걷기 운동이 기초 체력을 키워준 덕에 작년 9월부터 영인산, 고성산, 서운산, 수리산, 태조산, 광덕산 등 해발 5~600m의 산을 올랐고, 올해는 계룡산, 오서산 등 해발 800m의 산을 등반했다.

우리 회사는 북클럽을 운영한다. 2022년부터 시작된 북클럽은 현재 업무 실장, 본사 직원, 임원, 그리고 각 본부에서 원활하게 진행 중이다. 직원 몇천 명에서, 많게는 1만 명 이상이 같은 책을 보고 그 생각을 공유하는 시간은 대단한 성장 동력이 되어가고 있다는 것을 진심으로 느낀다. 북클럽과 독서토론의 선두에는 한근태 대표님이 계시는데, 그야말로 책으로 사람을 바꾸는 데 신의 영역에 있는 분이다. 그런 고마운 북클럽에서 이번에 읽게 된 책이 바로 무라카미 하루키의 『달리기를 말할 때 내가 하고 싶은 이야기』다. 이 책의 사로마 호수 100킬로 울트라마라톤 페이지를 읽고 나서 올라갈 산을 찾기 시작했다.

등산을 시작하기로 결심한 후 해발 1,000m 이상의 산을 기준으로 등산할 산을 찾았다. 하지만 혼자 인터넷을 통해 산을 고르자니 영 쉽지만은 않았다. 다행히 신입사원 중 내가 교수님이라 부를 만큼 등산 고수인 오혜림 사원이 나에게 몇몇 후보지를 추천해주었다. 그 후보지 중 첫 번째로 내가 선택한 산은 바로 백두대간 산줄기의 속리산(해발 1,058m)이다. 백두대간이 뭔가 거창해 보이지만 알고 선택한 건 아니었다. 그냥 '속리산'이라는 이름이 멋졌기 때문이다.

등린이,
고산을 오르다

2023년 3월 25일 새벽 4시. 간단히 아침 식사를 하고 충청북도 어딘가에 있는 속리산으로 출발했다. 아직 해가 뜨지 않은 캄캄한 길을 지나 속리산 국립공원 주차장에 도착했다. 차에서 내려 등산화를 동여매고 간단한 준비운동과 스트레칭을 한 후 본격적으로 등산을 시작했다. 등산로 초입은 비포장도로였다. 아무 생각 없이 잘 걸을 수 있는 포장된 길과는 달리 포장되지 않은 길 위를 걸을 때 머릿속을 채우는 생각은 확실히 '다르다'.

선명하지 않은 시야 속에 안개가 자욱한 길을 걷기 시작하자 스치듯 내리는 비(나중에 하산할 때 산을 오르고 있는 사람들이 안개비라고 하는 소리를 듣고 그냥 비가 아니었다는 걸 알게 되었다)를 맞으며 이번에 새로 구입한

방수 등산복을 사길 정말 잘했다고 스스로 칭찬한다. 사실 등산복도 이번에 처음 사보았다. 산 위로 올라갈수록 안개비가 더 내려 길이 미끄러웠지만, 얼마 전 함께 일하고 있는 박정진 사원이 안전과 건강을 기원하며 선물해준 등산화 덕에 큰 불편함 없이 안정하게 오를 수 있었다. 위험한 곳을 오르고 내릴 때마다 선물해준 이에 대한 감사한 마음을 가득 담아 걷는다.

흙길을 지나고 높은 경사의 정갈하지 않게 삐뚤빼뚤 놓인 돌계단을 걷기 시작한 지 얼마 지나지 않아 문구 하나가 눈에 들어왔다. '급경사를 오를 때 숨이 많이 차기 전 2분씩 크게 호흡하면 심장에 가는 무리를 많이 줄일 수 있습니다.' 숨쉬기 2분, 지금까지는 산에 오를 때 무작정 숨이 멎을 것 같이 차오르고 나서야 쉬었다. 이제는 숨이 가쁘게 차오르기 전, 잠시 발걸음을 멈추고 미리미리 숨을 고르게 해준다. 호흡법을 바꾸고 나니 확실히 경사를 오를 때 호흡 밸런스가 좋아졌다.

오르며 보여지는 주변 경치는 지금까지 올랐던 산들과 정말 많이 다르다. 해발 1,000m가 넘으니 더 높고 가파른 것도 있겠지만, 눈에 펼쳐지는 풍경 자체가 예술이다. 기괴하고 거대한 암석, 세차게 흐르는 물줄기, 이름을 알 수 없는 새들의 지저귐, 바람이 낙엽들을 어디론가 데려가며 나무 사이를 부딪히는 소리, 이리저리 마음대로 뻗어 가식적이지 않아 자유로워 보이는 나무들까지…. 인위적으로 만들라고 해도 만들 수 없는 진풍경이다.

계속해서 호흡을 가다듬으며 산을 오르다 보니 곧 문장대에 다다른다는 팻말이 보였다. 분명 산 중턱보다 더 힘이 드는 구간인데도 목적지가 얼마 남지 않았다는 사실에 발걸음이 빨라지고 몸은 더 가벼워진 느낌이 들었다. 잠시 호흡을 가다듬을 뿐, 쉬지 않고 2시간 10분을 올라 오전 8시, 드디어 문장대에 도착했다. 스스로 컨디션을 체크해보니 아직 몸에 큰 무리나 이상은 없는 상태다. 가방을 벗어 우선 사진을 찍고 경치를 보려는데 안개가 자욱해 본래의 웅장한 경치나 풍경은 보이지 않는다. 애초에 정상에서 경치 보는 것이 목적이 아니었기에 크게 호흡하고 다시 속리산의 최고봉인 천왕봉으로 발길을 옮긴다.

교수님(오혜림)에게 듣기론 천왕봉으로 가는 길이 능선이라고 했는데, 능선을 조금 걷자 갑자기 내리막길이 펼쳐졌다. 그렇게 내려가기 시작하는데 내리막이 계속해서 이어지니 불안감이 엄습했다. 내리막길에 들어서기 5분 전, 갈림길에서 조금 더 등산로처럼 보였던 오른쪽 길을 선택한 것이 화근이었던 걸까. 듣던 얘기와 달리 내리막길이 하염없이 계속되니, 이러다 반대쪽으로 하산하는 건 아닌지 겁이 났다. 실제로 작년 충남에 있는 태조산을 등산할 때 정상에 있는 비석이 너무 작아 무심코 지나쳐 왕복 산행을 한 적이 있었기에 불안감은 더 고조되었다. 그것도 잠시, 어느 정도 내리막을 걷고 나니 다시 오르막길이 나왔다. 오르는 길이 당연히 힘들겠지만 지금은 오르막이 무척이나 반갑고 좋다. 오르막길을 지나니 인터넷에서 보았던 작은 휴게소가 보인다! 이제야 살았다고 안도한다. 불안함을 뒤로하고 다시 발걸음을 재촉하는데 다시 내리막길, 이번엔 마음 편히 걷는다.

백두산에서부터 시작해 능선을 따라 불어온 바람이 세차게 불 때면 거대한 바위가 살며시 그 웅장한 모습을 보였다. 맑은 날에 보면 더 좋았겠지만 이렇게 안갯속에 보이는 광경도 나름대로 운치가 있다. 선명하게 보이지 않는 풍경마저도 나를 설레게 한다. 그저 감사할 뿐이다.

능선을 따라 걷기 시작한 지 3시간. 법주사에서 문장대로 이동하는 등산인들과 마주치기 시작했다. 3시간 만에 산에서 다른 사람을 마주치니 신기하면서도 조금은 불편했다. 내가 산을 오를 때는 이른 시간에 빠르게 이동했기에 1등일 것이라 생각했는데, 알고 보니 그게 아니었던 것 같다. 그것도 잠시, 인터넷에서 법주사에서 천왕봉으로 가는 가장 짧은 코스가 있었던 기억이 떠올랐다. 처음 시작은 다를지라도 자신이 선택한 경로에 따라 결과는 같을 수 있다는 것을 왜 생각하지 못했을까. 이내 마주치는 사람들과 가벼운 목례를 하며 "안녕하세요~" 하고 자연스레 인사를 주고받는다.

그런데 지나치는 사람들을 가만히 보니 모두 등산 스틱을 들고 있는 게 아닌가? 왜 사용하는지, 번거롭진 않은지, 등산 스틱에 대한 궁금증이 생기던 찰나, 그 궁금증은 바로 해결되었다. 곧 맞닥뜨린 비탈길의 경사가 매우 심한 데다 안개비까지 내려 곳곳이 미끄러웠다. 그래서 팔로 무언가를 짚으며 내려가야만 했다. 우여곡절 끝에 그 비탈길을 지나오고 나서야 비로소 도구의 사용법과 필요성을 인지했다(그게 정말 올바른 사용법인지는 확실하지 않지만). 다시 천왕봉을 향해 걸어가는데 문장대에서 찍은 사진을 보고 아내에게 전화가 왔다.

아내 : 오빠, 내려오고 있어요?

나 : 아니, 천왕성으로 가고 있어.

아내 : 천왕성? 거기가 어딘데요?

나 : 오빠 힘드니까 인터넷 찾아봐. 높은 데에 있어. 높은 데!

전화를 끊고 나서 계속 머릿속에 무언가 의문이 가득했다. 천왕성? 천왕성? 맞나? 우주에 있는 행성과 이름이 같은데… 그게 맞나? 아! 천왕봉이었지! 정말 혼자서 한참을 웃었다. 천왕봉을 천왕성이라고 하다니. 아내에게 이름을 잘못 알려주며 찾아보라고 했던 스스로가 너무 어이가 없었지만, 그 상황이 정말 웃기고 즐거웠다. 그렇게 웃음을 머금으며 산행을 시작한 지 3시간 25분 만에 드디어 속리산 정상인 천왕봉에 도착했다.

천왕봉 역시 문장대와 마찬가지로 안개가 가득해 산의 경치는 보이지 않았다. 하지만 경치와 상관없이 정상을 오른 느낌은 색달랐다. 산 중턱에서보다 세차게 불어오는 바람도 춥지 않고 그저 시원하게 느껴졌다. 주변을 둘러보니 역시나 아무도 없었다. 난생처음 다른 등산객에게 방해받지 않고 정상에서의 첫 식사를 시도했다. 가방에서 아내가 싸준 도시락을 꺼내 열어보니 김밥은 김밥인데 아이용 김밥이다. 초등학생 딸이 먹을 만한 크기처럼 작은데, 게다가 몇 개는 속이 터져 있었다. 뱃속에 들어가면 다 똑같다고 생각하며 맛있게 먹었다.

열심히 김밥을 먹고 있는데 갑자기 새 한 마리가 날아오더니 날 뚫어지게 쳐다본다. 마치 자기 구역에서 자리를 깔았으니 자릿세를 내라는 느낌이다. 산짐승에게 먹이를 주지 말라는 얘기를 들었던 기억에 잠시 고민했지만, 뭔가를 얻기 전까진 자리를 떠날 것 같지 않아 결국 옆구리가 터진 김밥 속 계란 한 조각을 던져주었다. 새는 기다렸다는 듯 먹이를 덥석 물고는 어디론가 떠나버렸다. 젓가락으로 집을 땐 정말 작아 보였던 계란 한 조각이 그 새에게는 큰 먹잇감이었다는 생각이 들었다.

나에겐 작은 것에 불과하지만 상대에겐 크고 소중하게 느껴질 수

있는 것처럼, 나의 작은 한마디가 직원들에게 큰 울림으로 다가갈 수 있도록 감정의 소통이나 배려가 자주 필요하겠단 생각이 들었다. 직원들에게 의미를 줄 수 있는 말들, 함께 성장하는 본부로 이끄는 데 필요한 것들을 고민하며 마저 식사를 이어가는데 문득 추위가 느껴졌다. 코에서 무언가 흐르는 느낌에 손을 대보니 콧물이 흐르고 있었다. 춥다, 아니 추운 게 아니라 오한이 느껴지리만큼 매우 추웠다. 얼른 도시락을 챙겨 가방에 넣고 하산을 위해 길을 나섰다.

정상이 아닌 하산의 길에서 **느끼는 성취감**

빨리 걸어야 추위가 덜해지리라는 생각으로 열심히, 그리고 빠르게 속도를 내어 걸었다. 하지만 이미 내려간 체온을 회복하기가 쉽지 않았다. 지대가 높아 더 심해진 안개비 때문에 몸이 더 으슬으슬해졌다. 걸음을 재촉하며 한참 문장대로 이동하는데 이상한 소리가 딸그락딸그락 내 귀를 불편하게 했다. 계속 들어보니 가방에 넣어둔 빈 도시락에서 나는 소리였다. 잠깐 멈추어 가방 정리를 할까 하다가 계속 듣다 보니 리듬감도 있고 해서 그냥 두기로 한다.

다시 오르막과 내리막의 능선, 그리고 바위와 바위 사잇길을 걷고 또 걷다 보니 등산 스틱이 왜 필요한지 저절로 알게 되었다. 무

릎 연골과 햄스트링의 보호를 위한 지지대 역할, 그것이 그 도구의 역할일 것이다. 무릎과 허벅지 근육의 뻐근함을 느끼며 나도 조만간 등산 스틱을 사러 가야겠다고 마음먹었다.

그런데 어라? 이상하다. 지금 내 귀에는 발자국 소리와 새소리, 바람과 낙엽 소리뿐 거슬리던 그 소리가 사라졌다. 딸그락거리던 도시락 소리, 이제 그 녀석도 가방 안에서 자리를 잡았나 보다. 물건일지라도 스스로 제 자리를 잘 잡아준 것에 고마운 마음이 들었다. '고맙다', '감사하다', '이해하자', 이 세 가지만 생각하고 사는 요즘이다. 물론, 이번 산행에서도 고마움과 감사함이 내 발아래 한 걸음, 한 걸음마다 스며들어 있다. 사원들에 대한 고마움과 감사, 그리고 그들을 너그럽게 바라보고 이해하려는 마음. 화가 나고 기분이 좋지 못한 사원, 마음에 들지 않는 행동을 하는 사원도 모두 나와 인연이 있었기에 함께 있는 것이다. 적어도 리더라면 이 세 가지 생각으로 그들을 이끌며 고요한 성장을 유도하는 것이 본질이 아닐까.

잠깐, 여기서 내가 매일 아침 걷기 운동을 시작한 이유에 대해 말하고 싶다. 처음 걷기를 시작한 것은 2년 전 어느 날이었다. 나는 지금까지 20년째 다니고 있는 회사에 입사한 이후 단 한 번도 운동을 제대로 해본 적이 없었다. 입사했을 당시에는 24살의 젊은 나이였기에 운동의 필요성을 느끼지 못했을 것이고, 이후에는 영업력의 부재로 인한 경제적 어려움에 운동을 생각할 상황이 아니었다. 그렇게 시간이 흘러 입사 6년 차에 내게 꼭 필요했던 직무교육에 참여하게 되면서 열심히 보고, 듣고, 배웠다. 그렇게 일한 결과 성장이라는 기회가 찾아왔고 가파르게 성공에 다가가기 시작했다. 단순히 교육으로 인한 순간의 결과물이라기보다는 지나온 시간 동안 나름대로 열심히 공부한 시간이 축적되어 만들어진 결과라고 하는 것이 맞겠다.

하지만 급격한 성장은 나에게 '쉼'을 허락하지 않았다. 오히려 달리고 있는 말에 채찍질하듯이 더욱 일에 몰입하도록 스스로에게 너그럽지도 관대하지도 않았다. 그 이유는 오직 두려움 때문이었다. 머무르거나 정체되는 것이 무서웠고 경쟁에서 뒤처지는 게 정말 싫었다. 아니 죽도록 싫었다. 그래서 나는 항상 쫓기는 듯한 삶을 살아가고 있었다. 제때 챙기지 못해 망가진 몸은 이곳저곳 이상이 생겼고 체력도 급격하게 떨어진 것을 느꼈지만 '운동해야지' 머릿속으로만 되뇌고 있던 시간이 길어지고 있었다. 그렇게 며칠째 생각만 하다 밤에 잠을 자는데 양쪽 종아리에 쥐가 났다. 하루하루 그 통증이 심해지더니 결국 이불 속에서 종아리와 발가락을 잡고 울고 있는 나를 보고 나서야 덜컥 겁이 나기 시작했다.

지금 와서 생각해 보니 그렇게 겁을 먹었어도 운동할 생각은 뒤로 하고 있었다. 그저 사무실 가까운 한의원에 가서 일주일에 3번 침을 맞는 게 고작이었다. 그러니 나을 리가 있겠나. 두세 달 침을 맞았지만 종아리 통증이 완화되지는 않았다. 몸에 다른 문제가 있는 건 아닐까? 다른 병원을 가볼까? 목욕탕에 가서 푹 담가볼까? 찜질방에서 피로를 풀면 나아지려나? 몸에 좋은 걸 먹어보자며 능이 오리백숙, 홍삼, 그 이외에도 몸에 좋다고 하는 몇몇 음식을 떠올리거나 아내에게 다리에 쥐가 올 때 먹으면 좋은 음식을 알아봐달라고 하며 점차 말도 안 되는 상상과 행동을 하기에 이르렀다.

그러던 어느 날, 술에 취해 집에 도착해 씻으러 들어간 샤워실에서 떨어뜨린 핸드폰을 줍다가 거울에 비친 적나라한 나의 뒷모습을 보게 되었다. 세상에나, 엉덩이가 없다. 그저 쭈글쭈글한 살갗만 축 늘어져 겹겹이 쌓여 있었다. 종아리와 엉덩이 근육이 혈액순환에 얼마나 중요한지는 한때 운동을 해본 나로서는 너무나 잘 알고 있는 사실이었다. 이대로 있다간 정말 내가 죽을 수도 있겠다는 생각이 들었다. 평소엔 정장을 입어서 부족한 부분은 하나도 보이지 않았다. 그럭저럭 겉으로만 괜찮아 보이는 거짓 몸에 안주하는 동안 몸 안의 근육은 점점 없어지고 있던 것이다. 하지만 운동을 시작해야겠다고 결심한 이후에도 어떤 운동을 해야 할지 고민하다 결국 한 달 정도를 핑계의 시간으로 낭비했다.

더 이상 안 되겠다는 생각에 침대 옆에 양말을, 현관 앞에는 신던 운동화를 문을 향해 가지런히 놓아두었다. 아침에 일어나서 운동하기 위한 기상 알람도 오전 4시 30분으로 맞추었다. 사실 일찍 출근하는 습관 때문에 이른 시간에 일어나는 것이 힘들고 어렵지는 않았다. 그때부터 나는 매일 새벽에 일어나 365일을 걷기 시작했다.

평일은 6천 보, 토요일과 일요일, 공휴일에는 1만 보 이상을 꼭 걸어야 성에 찼다. 일정 시간과 거리를 꾸준히 걷다 보니 기초 체력이 조금씩 좋아졌고, 걷는 것만으로는 더 이상 에너지 분출이 정상적으로 작동되지 않는다는 것을 깨닫고 나서 주말과 휴일의 운동 목표를 걷기 1만 보가 아닌 등산으로 선택하게 되었다. 그렇게 나는 '산'이라는 곳을 찾아 오르게 되었다.

계속 걸어가다 보니 어느새 다시 문장대에 도착했다. 이때, 내가 천왕봉 정상에서 했던 식사가 잘못되었다는 것을 깨달았다. 등산객들이 문장대 주변에 있는 벤치에 앉아 식사를 하고 있었던 것이다. 산을 오르기 전 어디서 식사를 해야 하는지 아무 정보 없이 오는 바람에 칼바람이 불고 안개비가 휘날리는 정상에서 밥을 먹다 얼어 죽을 뻔한 것이다. 나의 무지에 대해 한참 속으로 웃고 나서 역시 아는 게 없으면 몸이 고생한다는 말을 체감했다. 그렇게 식사하는 사람들을 보며 나 자신을 비웃었지만, 괜찮았다. 아직 등산 초보인 등린이는 이렇게 하나하나 배워가는 지금 시간이 즐겁기만 하다.

다시 발걸음을 재촉하며 가는데 이렇게 많이 올라왔나 싶을 정도로 하염없이 내려가도 끝이 보이지 않았다. 하지만 이만큼 내가 올라간 길이었기에 스스로 대단하다는 생각이 들었다. 여태껏 등산했던 산에서 느꼈던 기분과는 달리, 하산하며 느껴지는 감정과 감동이 확실히 다르게 다가온다. 지금까지는 정상에 올라 '다 올랐다'라

는 성취감이 컸다면, 이번 등산에서는 하산을 통해 올라온 길을 되돌아보며 스스로 대견하다는 생각에 무게가 실린다. 회사에서도 묵묵하게 열심히, 스스로 치열하게 하루하루를 보내며 진심으로 최선을 다하면 언젠가 '언제 이렇게 성장했지?'라는 생각에 스스로 대견해하리라 생각한다. 이번 산을 오르고 내리며 하산을 통해 느낀 감정이 마치 하나의 신념처럼 마음속에 굳어져 문신처럼 새겨졌다.

그렇게 속리산 끝자락에 다다르자 등산을 준비하는 등산객들을 보며 마지막으로 잊고 있던 몇 가지가 떠올랐다. 날이 좋지 않아 안개가 많이 끼어 있어서 정말로 다행이란 것이다. 정상에서 탁 트인 경치를 보진 못했지만, 백두대간의 산맥을 타고 불어오는 세찬 바람이 구름을 살짝 걷어주어 그 위대함을 얼핏 볼 수 있었던 것도 나름 기억에 남는 장면이었다. 또 하나는 등산인에겐 필수이지만 등린이인 나는 준비하지 못했던 선크림이다! 만약 오늘 날씨가 화창했다면 나는 아마도 새카맣게 타서 내려왔을 것이다. 선크림이란 존재의 중요성을 알아차린 게 바로 등산로 입구에서 선크림을 바르는 등산객들을 본 이후다. 마지막으로 사전 준비의 중요성을 다시 한번 깨달으며 11시 55분, 하산을 완료했다.

해발 1,000m가 넘는 높은 산을 나름 긴 6시간에 걸쳐 처음으로 등산에 성공했고, 속리산을 빠르게 걸으며 그 속에서 많은 것을 깨닫고 배우고, 머리와 가슴속에 담았던 시간이었다. 산행에서 내 안의 자신과 대화하며, 그 속에서 감사를 통한 나아짐이라는 성장의 상관관계를 이해하는 행복한 시간이었다. 그리고 언제나 거기 있어 준 산과 걸었던 길에 감사를 표한다.

산을 오르기 시작하고 나서부터 어느 순간 걷는다는 건 같으면서도 또 다른 것임을 느낀다. 똑같은 걸음 수, 아니 두 배 더 많은 걸음을 걸어도 아스팔트 위를 걷는 것과 산을 오르는 것은 다르다. 아스팔트 위를 걷는 것은 여운이 있고 산길을 걷는 것은 여유롭다. 등산은 준비된 마음과 넉넉한 시간, 그리고 휴일에 오르기 때문이란 생각이 들 수 있겠지만 그것은 착각이다. 가파른 길을 오르는 고됨과 그것을 참고 이겨내면서 주변을 돌아보고 신경 쓸 여유가 없어지기 때문에 반대로 여유가 생기는 것은 아닐까? 아직 등린이인 내게 언젠가 산이 그 깨달음을 주진 않을까 생각해 보며 집으로 돌아간다.
2023년 3월 31일, 많은 것을 가르쳐준 속리산의 산행을 기억하며.

덕유산

내려갈 때 보았네
올라갈 때 보지 못한
그 꽃

고은의 詩, 〈그 꽃〉

평택탑
덕유산
향적봉
1614M

산을 오르는 것과 **영업을 하는 것**

내가 다니는 회사는 보험회사다. 주된 업무는 보험영업이다. 매번 같은 급여를 받는 것이 아니라 그달의 성과에 따라 급여가 차등 지급되는 구조다. 그래서 한 달을 마무리하고 다음 달을 준비하는 마지막 한 주가 어쩌면 가장 중요한 시기이기도 하다. 매달이 그렇다. 그래서 사원들에게 조회 시간에 월초 영업력과 월말 준비력, 마감 방법의 중요성 등을 강조하고 있다.

대부분 사람들은 영업이 어렵다고 생각한다. 매달 일정한 세일즈(Sales)를 해야 한다는 점이 부담스러울 수 있지만, 실은 전혀 그렇지 않다. 영업의 선순환을 제대로 이해하고 그 흐름을 자신만의 패턴으로 만들 수 있다면 즐기며 일할 수 있다. 말일에 가까워질수록

매출이 늘어나는 보통의 부서와는 달리, 우리 본부는 말일이 다가올수록 매출은 낮아지고 마지막 날은 매출이 거의 없다. 반대로 매월 첫날과 월초 매출은 전국에서 손꼽을 만큼 높다. 그렇다고 기존 월말에 매출을 끌어올리는 마감 구조에서 갑자기 월초로 그 구조를 바꾸면 안 된다. 여기에는 일정 기간 리더가 사원들에게 충분히 그 장점을 이해시켜야 하며, 전략적으로 일을 계획하고 운영할 수 있도록 이끄는 것이 필요하다. 선순환이란 결국 심리적 여유로움으로부터 일을 즐겁게 하는 것이라 말할 수 있다.

모두 그런 것은 아니지만 영업을 하는 사람들은 일정한 패턴이 없이 그때그때 일을 찾아서 한다. 그렇기에 잘 될 때는 잘 되고 안 될 때는 안 된다. 선순환 패턴이란 일을 계획해서 전략적으로 해 나가는 것으로 이해하면 된다. 영업을 해본 사람이라면 월말까지 많은 매출을 했는데도 다음 달 초에 매출이 없어 불안해지고, 그 불안과 부정적인 생각이 결국 다음 한 달 전체를 망치는 결과를 경험해 본 적이 있을 것이다. 모든 일이 단 한 번, 한 달 안에 끝나는 것이 아니다. 그래서 리더의 '디테일하고 체계적인 과정 관리'가 필요하다. 사실 내가 이렇게 전략적인 운영을 할 수 있었던 것은 '우리 회사는 마감이 없다'라는 부회장님의 철학에 있다. 그렇기에 올바른 운영 체제가 탄생할 수 있었다.

세상 어디에도 처음부터 쉬운 일은 없다. 본인 스스로 공부도 열심히 해야 하겠지만, 무엇보다 영업의 성패는 태도에서 결정된다.

올바른 태도로 꾸준한 시간을 보내는 것, 그것이 습관이 되어 지속되는 것, 이것이 모든 세일즈에 있어 성공과 실패의 열쇠다. 새로운 도전을 계획 중이라면, 영업직을 적극 추천한다. 정해진 일을 하는 것이 아니라 스스로 주도적으로 일하며 목표와 꿈을 계속 설정해가며 활동적으로 할 수 있는 일이기 때문이다.

그렇게 정신없이 본부를 챙기고 월초를 대비하던 수요일 오후, 갑자기 이번 주에는 산에 갈 수 있을까? 하는 의문이 머릿속을 맴돌았다. 곧바로 가고 싶단 생각이 들었지만, 양쪽 종아리 근육에 문제가 생겼다. 근육을 풀기 위해서 새벽 걷기 운동을 3천 보로 조절해보았는데도 아직 속리산의 추억에서 헤어 나오지 못하고 있다. 가고 싶다는 생각은 점점 걱정으로 바뀌었다. 그래도 되도록 가야겠다는 마음을 먹고 틈나는 대로 종아리를 주무르고 스트레칭하기를 반복했다.

목요일이 되자 종아리의 상태가 조금 나아지는 느낌이다. 바로 어떤 산을 가야 할지 인터넷으로 찾아봤는데 전라북도 무주군에 있는 덕유산이 눈에 들어온다. 교수님(혜림)에게 즉시 문의해보니 'OK' 사인과 함께 등산로까지 추천해줬다. 오를 산은 정해졌고 이제 남은 것은 근육의 컨디션 조절뿐이다.

금요일 저녁, 이번 3월도 멋지게 마무리하고 나서 매니저와 최근 리크루팅에 성공한 사원과 함께 저녁 식사를 하던 중이었다. 내일 산에 가고 싶은데 다리 컨디션이 정상이 아니라고 말하니 "본부장님, 이번 주에는 무리해서 산에 가지 마시고 다음 주에 가시지요"라며 산악회도 그렇게 다니지는 않겠다고 덧붙인다. 그 말에 모두 껄껄 웃으며 맞장구를 쳤다. 실은 속리산 정상에서 칼바람, 안개비와 겹상을 하는 바람에 감기 기운도 있었던 터라 다음 주로 연기할까 싶은 마음이 잠시 스쳐 지나갔지만, 일정을 미룰 수는 없었다. 내가 그토록 이번 주에 산을 가고 싶다고 생각했던 이유는 다음 날이 바로 4월 1일, 사원들의 4월 대박 기원을 위한 '응원 등산'이었기 때문이다.

식사 자리를 마치고 집에 들어가니 딸이 책상 옆에 하얀 노트를 펼쳐놓고 공부하고 있었다. 그제야 나는 오늘 해야 할 것을 생각해냈다. 그것을 준비하지 못했기 때문에 산을 가야 할지 고민하고 있었단 것을 깨닫고 바로 딸에게 부탁했다. 산 정상에서 들고 찍을 플래카드 문구, 바로 '○○본부 4월 파이팅!' 이었다. 딸아이는 스케치북으로 몇 번의 실패 끝에 플래카드를 완성해냈다. 플래카드를 보고 나는 결정한다. 아니 이미 스케치북에 글이 써지기 시작한 순간, 내 마음은 이미 산을 오르고 있었다. 마음의 준비를 마치고 잠이 들기 전, 마지막으로 양쪽 종아리를 10분간 주무르고 폼 롤러로 풀어준 뒤 내일 산행의 설렘을 안고 잠자리에 누웠다.

드디어 덕유산으로 가는 4월 1일 새벽 3시 30분. 일어나자마자 종아리 상태부터 확인해보니 썩 괜찮았다. 식사를 간단하게 하고 나서 덕유산으로 출발했다. 목적지에 가까워질수록 아직 어두워 잘 보이지는 않지만 희미하게 보이는 봉우리 중 내가 오를 곳은 어디일지, 곧 걷고 있을 내 모습을 상상하며 설렘을 느낀다. 초입에 들어서니 6시 정각, 아직 날은 어두웠다. 오늘도 본격적인 산행에 앞서 간단하게 스트레칭으로 몸을 풀어주고 두리번두리번 등산로 입구를 찾았다. 그런데 아무리 봐도 등산로가 어느 쪽인지 모르겠다. 주차장 바로 옆 파출소에 가서 물어볼까도 생각했지만, 등산하러 오면서 무작정 길도 알아보지 않고 오는 등린이를 바라볼 시선을 생각하니 이내 관두고 다시 입구를 찾기 시작했다. 다행히 금방 가로등 아래 붙어 있는 작은 등산로 입구 표지판을 찾았다. 이제 진짜 등산 시작이다.

얼마나 걸었을까. 동이 트이는 게 느껴지는데 문득 불안감이 엄습해온다. 지난번에도 놓친 선크림을 또 바르지 않고 출발한 것이다. 차에 두고 온 것 같다. 다시 내려가기엔 이미 늦었기에 포기하려는데 문득 어제저녁 아내에게 선크림 하나 챙겨달라고 부탁한 게 생각이 나 걸음을 멈추고 가방 앞쪽을 열어보았다. 선크림이다! 얼굴에 듬뿍 바르고 나서 가벼운 마음으로 다시 걸음을 재촉했다.

그런데 얼마 지나지 않아 또다시 뭔가 불편함이 들었다. 등산화의 착용감이 아직 익숙하지 않아 어느 정도 착용감으로 발을 감싸

야 하는 건지 알아보기로 해놓고 또 그냥 와버린 것이다. 결국 발목이 불편해 걷고 서고, 등산화를 조이고 풀고를 반복했다. 내 몸의 통증은 내 미비한 준비 상태와 무지에서 비롯된 결과이기에 불편하더라도 인정하고 다시 걷는다. 생각해 보니 이번 주에 준비해야 할 게 등산 스틱 구매와 등산화 신는 법 그리고 등산 코스 외우기 등등이었는데 하나도 하지 못했다. 실망스럽지만 이번 주는 정신없이 바빴고 4월 운영 준비에 여유도 없었기에 스스로에게 '괜찮다'라고 다독인다.

20분쯤 걷다 보니 갈림길이 나온다. 어사길(덕유산에서 계곡을 따라 걸으며 경치를 즐길 수 있는 옛길을 말한다)과 일반 길이다. 당연히 시간이 조금 더 걸리더라도 어사길을 선택했다. 계곡에서 흐르는 물줄기 바로 옆을 걷는데 바위 위 한가운데 돌탑이 보였고, 그 높이가 적어도 1미터는 되어 보였다. 얼마나 오래된 걸까? 누가 올린 걸까? 저곳은 물이 흐르고 물과 바위 사이 거리가 있어 다가가기 쉽지 않은데 어떻게 저 위에 세웠을까? 이런저런 궁금증을 안고 그 옆을 지났다. 흐르는 계곡 옆 돌길을 신난 아이처럼 깡충깡충 뛰듯이 걷는다. 오르다 보니 흐르는 계곡을 가로막은 거대한 바위가 눈에 띄었다. 흐르는 물은 그 큰 바위에게 길을 왜 막고 있냐고 화를 내듯 큰 소리를 내며 바위를 돌아간다. 비파담의 큰 암석 위를 흐르는 물은 마치 스노보더가 광활한 눈길을 미끄러지게 타듯이 부드럽고 매끈하게 흘러내린다. 유연하지만, 힘차게 흐르는 물줄기가 도착한 곳에 감히 그 깊이를 알 수 있을 것 같이 맑고 깊이 있는 소로(작은 연못)가 있다. 바닥까지 그 모습을 그대로 보여주고 있어 마치 "선한 마음으로 살거라." 하고 말하는 것 같았다. 나는 아직 그만큼 선하지 못했기에 연못이 주는 선함의 잔잔한 울림을 마음에 새기며 비파담을 지난다.

사소한 문제로 **여겼던 것의 중요성**

발목이 불편해서 다시 등산화를 만지작거리다 지난 속리산 산행에서 문장대 앞에서 셀카를 찍다가 발목을 살짝 삐었던 것이 떠올랐다. 새 등산화가 어색해서가 아니라 발목을 삐었던 통증이 등산화로 인해 눌리면서 불편한 것이었다. 사람이 참으로 웃기다. 아니 내가 참 웃기다. 오기 전까지 며칠을, 그리고 오늘 새벽에 출발하고 도착해서까지도 온통 종아리 걱정뿐이었는데 지금은 종아리가 아닌 발목의 통증만 신경이 쓰이고 종아리 통증은 온데간데없고 심지어 아프지도 않았다. 아마 오른쪽 종아리 통증이 더 크고 오래간 이유는 지난번 문장대에서 발목을 삐끗한 뒤 그 부분에 힘을 주지 않으려 종아리에 힘을 더 주었던 것 때문은 아닐까 하는 생각이 들었다. 그래도 아직은 그럭저럭 등산은 가능한 정도였기에 계속해서 올라가기로 하지만 계속 신경은 쓰였다.

1시간 정도 걷다 보니 높은 계단이 보인다. 그곳을 오르면 전망대가 나온다기에 무작정 계단을 올랐지만 곧 후회했다. 전망이 나무에 다 막혀 있어 볼만한 풍경이 없었다. 왜 전망대라고 표시해놨는지 모르겠지만 어쩔 수 없이 다시 어사길로 내려왔다. 등산로는 어사길과 일반 길이 계속 뒤엉켜있는데 일반 길로 가는 게 빠르겠지만 계속해서 어사길을 선택해서 걸었다. 시간도 더 걸리고 걷기에는 돌과 나무가 얽혀 있어 평지보다는 조금 불편했다. 하지만 어사길을 계속 선택한 이유는 꾸미지 않은 자연스러움이 더 좋아서였다. 하나 더 역시 아스팔트 위보다 흙과 돌을 밟고 있을 때 생각 정리도, 번뜩이는 아이디어도 훨씬 많아지는 것이 이유이기도 했다.

산을 오르며 중간중간 생각이 비워질 때면 어김없이 '우리 본부는 이번 4월에 대박 날 거야!'를 수없이 외쳤다. 원한다고 다 이루어지는 건 아니겠지만 적어도 원하는 바를 이루기 위한 방법을 찾기 위해 노력할 것이다. 그런 생각으로 집중하다 보면 좋은 아이디어가 번뜩여 즉시 실행으로 이어지고 좋은 결과로 남을 것이라고 믿는다. 산을 오르는 길 중간중간 돌탑이 정성스레 쌓여 있었다. '나도 제일 위에다 하나 올려볼까?' 생각하다 그냥 지나치기로 한다. 괜스레 내가 올린 돌 하나에 와르르 무너지면 다른 사람들이 애써 빌었던 소원까지 망치게 될 것 같았다. 물론 아직 일어나지는 않았지만, 그럴 수도 있을 것 같아 미안함이 들었다. 사람 관계에 있어서도 이처럼 내 생각이나 말과 행동으로 다른 사람들을 평가하면서 그 사람들의 노력을 함부로 무너뜨리거나 상처를 건드려 아프게 하는 일은 없도록 조심해야겠다고 생각한다.

계속해서 걷다 보니 덕유산 중심부에 있는 백련사에 도착했다. 역시 아직 이른 시간이라 아무도 없었다. 절 앞에 서서 몇 년 전부터 암과 뇌 질환으로 투병 중이신 부모님의 건강을 위한 기도를 올렸다. 어렸을 적 사고뭉치였던 내 모습에 얼마나 속상하셨을까. 미안하고 죄송한 마음을 뒤로하고 후회와 아픔의 한숨을 크게 뱉은 뒤 덕유산 정상인 향적봉으로 가기 위해 다시 등산로로 내려갔다. 계단을 내려와서 길을 찾아보니 향적봉으로 가는 표지판의 화살표가 방금 내려온 계단을 가리키고 있었다. 이런, 내려왔던 길을 다시 오른다.

이제 본격적으로 계단과 경사가 시작되었다. 점차 햇빛이 강렬해지기 시작하지만 괜찮았다. 선크림도 발랐고 정상을 향한 계단은 더 높은 곳으로 가기 위한 천국의 계단이라고 생각하기 때문이다. 계속해서 이어지는 계단의 난코스에 힘이 들었지만 중간중간 호흡을 위해 잠시 가다듬을 뿐 쉬지 않고 계속해서 오른다. 다른 산을 오를 때는 이유가 없어도 쉼 없이 걸었지만, 이번에는 조금의 이유가 있다. 바로 무주리조트에서 곤돌라를 타고 출발해 설천봉을 통

해 향적봉으로 오는 이들에게 향적봉의 첫 발걸음을 뺏길 수 없어서다(설천봉에서 향적봉까지는 걸어서 20분 정도 소요된다).

폭이 촘촘한 계단에서는 두 계단씩 오르며 힘을 비축한다. 이제까지 산을 다니면서도 폭이 좁게 놓여있는 계단은 성큼성큼 두 계단씩 올랐었는데 나에겐 이 페이스가 더 수월하다. 향적봉을 향해 있는 무한한 계단을 걷다 보니 잠깐의 능선이 나왔다. 무심코 지나쳐 버릴 뻔했던 벤치를 돌아보고 '오늘 점심은 이곳이다!' 하며 정상을 찍고 내려와 그곳에서 편히 식사하는 모습을 그려보았다. 속리산 천왕봉의 칼바람, 안개비와의 겸상을 회상하며 덕유산에서의 식사는 제대로 된 곳에서 먹기로 다짐했기에 아주 적당한 곳을 찾았다는 것이 만족스러웠다. 다시 계단을 계속해서 오르다 잠시 숨을 고르는데 오른쪽 종아리가 후끈후끈한 것이 느껴졌다. 엊그제 파스를 붙이고 잔 것이 화근이었다. 잠시 멈추고 파스 3개를 떼어 낸 후 다시 향적봉을 향해 오른다.

두 시간쯤 산을 오르자 그 타이밍이 왔다. 걸음을 걸으며 밟아야 할 곳과 숨은 어느 즈음에 가다듬어야 할지를 미리 생각하며 올라가야 한다. 숨이 차고 힘이 들 땐 이 두 가지 외엔 다른 생각을 할 틈이 없다. 그런데 뭔가 이상하다, 앗? 저 앞에 이미 누군가 계단을 오르고 있었다. 아 이런, 내가 1등이 아니었구나…. 앞 사람을 따라잡을 수 있을 것 같아 속도를 내보는데 별생각이 다 난다. '가까운 곳에 사시는 분이겠지? 무주? 전남? 아니면 1시간 내 근거리에서 오신 걸까? 그렇지만 나는 두 시간이 넘는 거리에서 와서 더 늦게 등산을 시작한 것이니 내가 훨씬 빨리 걸은 건데!'라며, 온통 시기와 질투, 패배자의 생각들로 가득 찬 나를 만나고 있었다. 산은 크고 나는 작다. 생각도 마음도 부족하고 어리기만 하다.

그 사람과 점점 가까워졌지만, 이내 조금 뒤에서 잠시 걸음을 멈추었다. 계속 뒤에서 발소리를 내며 따라오는 게 신경 쓰이고 불편하실 것 같아서였다.

산행을 시작하고 처음으로 산 중턱에서 5분 정도 앉아 풍경을 감상했다. 지금까지 등산하면서 앉아서 쉬어 본 적이 없었기에 나로서는 큰 결정이었다. 그러자 이내 질투와 시기가 사라지고 배려와 감사의 마음이 찾아왔다. 배려란 남을 위한 것으로 생각하며 살아왔는데 결국 배려도 나를 위한 것임을 깨달았다. 앞서가던 이름 모를 그 사람에게 "배려의 진리와 지혜를 주심"에 감사를 표한다. 짧은 휴식을 취한 후 다시 계속해서 경사진 돌들과 계단을 힘들게 마주하며 올라가는데 잠깐, 나도 모르게 앞서가던 사람을 지나치고 있었다. 이건 추월이 아니다. 그 사람도 나를 배려해 주신 것 같았다. "안녕하세요"라고 인사하니 "예~ 올라가세요"라며 길을 비켜주신다.

1시간 정도 계속 돌과 나무로 된 계단을 올랐고 내가 생각했던 계단은 천국의 계단이 아니라 그냥 진격의 계단이었을 뿐이었다. 가

파른 오르막은 가도 가도 끝이 없었다. 진격의 계단을 오르다 보니 드디어 향적봉 표지판이 나왔다. 화살표 쪽을 바라보니 다시 또 계단이 있었다. 하지만 이번에는 틀림없이 천국의 계단이리라. 그렇게 10분 정도 급경사 계단을 오르니 휘어진 길이 보여 저곳을 돌면 정상에 도착하겠다 싶었는데 아니었다. 오히려 더 가파르고, 더 높고, 긴 계단이다. 숨을 다시 고르며 조금 더 오르다 보니 지금까지 느껴보지 못했던 시원한 바람이 불어와 내게 "거의 다 왔어, 힘내"라며 말을 걸어왔다.

고마운 바람을 느끼며 8시 46분, 드디어 향적봉 정상에 도착했다! 본부 4월 대박을 기원하기 위해 제작한 플래카드를 들고 셀카를 찍으려 하는데 등산할 때 사람들이 왜 셀카봉을 챙겨오는지 깨달았다. 돌에 핸드폰을 기대어 찍으려니 잘되지 않았다. 물론 셀카봉을 써도 잘 나올 얼굴은 아니라 다음에는 준비해 오지 뭐, 혼잣말을 하고선 물 한 모금과 정상에서의 경치를 눈에 담고 이제 다시 올라왔던 길을 되돌아간다.

30분쯤 내려오니 아까 올라오면서 식사 장소로 찜해두었던 벤치가 나왔다. 가방을 내려두고 도시락과 오이 등을 꺼냈다. 도시락은 지난번 속리산에서 먹었던 초등용 김밥과 같은 것이었다. 여전히 작지만 그래도 이번에는 두 줄이라 좀 낫다. 그런데 속 재료가 좀 바뀌었다. 소시지 대신에 당근이 들어가 있다. 보이지 않는 소시지에 왠지 모를 아쉬움이 생겼지만, 김밥 한 개를 입에 넣어보고선 생각보다 맛이 괜찮아 다시 식사에 집중했다. 간단한 식사를 마치고 내려가기 시작하는데 얼마 지나지 않아 오른쪽 발목에 통증이 다시 찾아왔다. 아직 완전히 걷지 못할 정도의 통증은 아니지만 속도를 줄여 천천히 내려가 본다.

천천히 내려가면서 경치를 보려는데 속리산처럼은 아니지만, 안개가 끼어 있어 먼 곳까지 보이지는 않았다. 가까운 주변 경치를 보며 내려가는데 까치집처럼 생긴 풀이 군락지처럼 나무에 매달려있었다. 무슨 살이라고 했던 것 같은데 이름이 생각나지 않는다. 하루살이? 시집살이? 살림살이? 맞다. 겨우살이! 그런데 풀이 우글우글 몰려있는 모습이 좀 징그럽다는 느낌도 들었다. 앙상해진 나무와 떨어진 지 오랜 시간이 지나 흑백 사진처럼 색이 바랜 낙엽과는 반대로 그 속에서 유일하게 햇빛에 반사되어 유독 색깔이 짙어 보이는 이유도 그렇다. '과유불급'이란 표현을 이럴 때 쓰는 것이 맞는가 싶지만, 많기만 하다고 또 주위와 유독 다르게 보이는 것이 다 좋은 것도, 좋아 보이는 것도 아닌 게 맞는 것 같다.

다시 백련사가 가까워질 때쯤 발목에 통증이 점점 심해지기 시작했다. 이번 산행의 최대 변수는 내가 간과한 지난주 속리산에서의 발목 접질림이다. 분명히 조금 부어있고 통증이 남아 있는 것을 알고 있었지만 내가 신경 썼던 것은 온통 하나, 오른쪽 종아리의 불편함이었다. 무엇을 새롭게 시작하는 것도 중요하지만 현재까지 잘해오던 부분에서 혹시 놓치고 있는 것은 없는지 본부 운영에 빗대어 생각하게 된다. 이런 사소한 문제들을 간과하면 결국 운영이 잘되지 않거나 문제가 커질 것이고, 잠깐의 성장은 보여줄 수 있겠지만 지속 가능한 성장은 할 수 없을 것이다. 월 매출 1,000만 원이 잘했다는 결과라 하고 한 달 중에 10일이 끝났을 때 500만 원을 했다고 가정한다면 이게 과연 성장성을 의미할 수 있을까? 아니다. 이 숫자는 나올 수도 나오지 못할 수도 있다. 중요한 것은 매출을 만들어낸 배경 속에 있는 '구성'에 있다. 이런 상황일 때 관리자는 더 세심하고 꼼꼼하게, 행운처럼 나타난 매출을 빼고 계산기를 두드려야 한다. 결국 우리가 하는 세일즈에서는 질은 양을 이길 수 없다. 조금은 엇나간 이야기지만 내게는 다시 한번 신입사원 관리와 지도의 중요성을 인지하게 되는 시간이었다.

이런저런 생각을 하며 걷다 백련사에 도착했다. 발목도 아픈데 좀 쉬었다가 내려갈까 하다가 큰스님들도 보이고 다른 사람들도 지나는데 편히 쉴 수 있기보단 되레 불편할 것 같아 조금 더 내려가 계곡 옆의 적당한 바위에 걸터앉았다. 오른쪽 등산화를 벗고 퉁퉁 부은 발목을 만져보니 생각보다 아팠다. 통증은 복숭아뼈 뒤쪽 면이 가장 심했다. 발목을 주무르며 그래도 잘 버텨줘서 고맙다고 스스로 다독이며 짧은 휴식을 마치고 다시 내려갔다.

계곡을 따라 내려갈 때는 올라올 때 걸었던 어사길이 아닌 반대쪽으로 내려왔다. 다른 풍경을 보면 또 다른 생각을 할 수 있을 것 같았다. 계속 주변을 두리번거리며 내려가는데 4월인데도 아직 꽃이 피지 않았다. 꽃나무가 없는 탓일까? 아니면 꽃을 피우기 위한 노력 중일까. 덕유산도 하산하는 데 한참이 걸렸다. 신기한 것은 걸어 올라온 길이 돌아가는 길보다 더 짧게 느껴진다는 것이다. 생각의 차이인가? 오를 때는 목적지가 명확했고 내려갈 때는 하산 외에 뚜렷한 목표가 없는 미묘한 차이일 수도 있겠다.

최종 하산까지 1시간 정도 남았을 무렵, 이번엔 불쑥 오른쪽 어깨에 통증이 찾아왔다. 상체는 특별히 무리한 적이 없었기에 잠을 잘못 잤나 보다 하고선 계속 걷는데 통증이 심상치 않다. 어깨 통증으로 인해 오른쪽 발목의 통증이 잘 느껴지지 않는 걸 보니 바로 상태 확인이 필요했다. 등산 가방을 벗어보니 가방을 멜 때 조여주는 끈의 길이가 왼쪽이 거의 풀려 있었다. 끈이 풀리는 것도 모르고 그저 서둘러 걷는 데에만 집중했기에 일어난 황당한 사건이었다. 등산하는 5시간 내내 가방끈을 삐뚤게 메고 걸었으니 오른쪽 어깨에 무리가 간 것은 당연한 일이다. 다시 양쪽을 똑같이 맞춰 조여주고 나니 어깨 통증이 말끔히 사라졌다. 하지만 그 대신 발목 통증이 돌아왔다. 역시나 본질적인 문제 해결 없이는 다른 부수적인 것으로 해결하는 데 한계가 있다는 것이 맞겠다.

이번 산행에서는 부족함과 놓치고 있는 것 속에서 작은 문제라도 본질적인 해결이 중요하다는 삶의 지혜를 얻었다. 완벽한 등산이라고 말하기에는 당연히 어렵겠지만 6시간의 긴 산행 동안 나 자신과 대화하고 생각하며 큰 깨달음이 있었다. 덕유산에게 감사의 마음을 전한다.

월악산

우리가 오른 봉우리도 많은 봉우리 중의 하나임을 알게 하소서
가장 높이 올라설수록 가장 외로운 바람과 만나게 되며
올라온 곳에서는 반드시 내려와야 함을 겸손하게 받아들여
산 내려와서도 산을 하찮게 여기지 않게 하소서

도종환의 詩, 〈산을 오르며〉 중에서

산이 나를 **부른다**

4월의 첫 월요일이다. 평소 회사에 있을 때 사무실 밖을 잘 나오지 않는 편이지만, 오늘은 날이 너무 좋아 잠시 볕을 쬐러 건물 밖으로 나왔다. 기막히게 좋은 날이다. 적당히 내리쬐는 볕, 살랑살랑 불어오는 바람도 참 좋다. 갑자기 "어서 와" 인사하듯 불어오던 덕유산의 바람이 떠올랐다. 지금 불어오는 바람이 백두대간 능선을 타고 날아와 나를 지나고 있는 것은 아닐까?

아직 발목은 정상이 아니고, 양쪽 종아리에 근육통도 남아 있다. 발목이 나를 산으로 데려가지 못하도록 발목을 잡고 있다. 그래도 4주 동안 계룡산, 오서산, 속리산, 덕유산을 연이어 올라 보니 생각보다 크게 무리가 되지는 않았다. 내 머리와 마음은 이미 산사람이다 되어 가고 있다는 생각마저 들게 한다. 그냥 산이 좋다.

퇴근하고 집에 돌아와 다음에 오를 산을 찾아보고 선택하려는데 역시 쉽지 않았다. 그러다 문득 얼마 전 다녀온 가족여행에서 보았던 그림 하나가 떠올랐다. 작은 교량 밑 벽 쪽에 산 정상의 비석과 풍경을 그려 놓은 것이었는데 그 모습이 계속 머릿속에 남아 있었다. 그때 즈음 찍었던 사진들로 지역을 찾고, 그 지역을 토대로 주변 산을 찾아보니 단번에 그곳이 어딘지 찾아냈다. 바로 월악산이다. 산에 대한 설명 중 동양의 알프스라고 나오는 것을 보고 두근두근 설렌다. 교수님께도 물어본 결과 긍정적 메시지와 함께 등산 루트를 하달해주셨다. 보덕암과 덕주사 코스 두 개가 있는데 보덕암 루트가 풍경이 더 좋다고 해서 보덕암 코스로 선택했다. 끝으로 월악산은 계단이 많으니 무릎 보호대나 스틱을 사용하길 권유했다. 처음엔 불편하고 번거로워도 사용하는 것과 하지 않는 것의 피로감이 다르다고 말했다. 이렇게 중요하다고 하니 이유가 있을 것 같아 무조건 구매해야겠다고 생각했다.

월악산 등반을 결정한 후 하루 전날 가까운 숙박시설에서 잠을 청한 뒤 오르기로 마음먹었다. 거리가 멀어서도 피곤해서도 아니다. 새벽에 2~3시간을 운전해 오르는 것보다 조금 더 일찍 올라가 맑은 정신으로 집중하고 싶은 마음에서다. 이렇게 생각하고 나니 또 다시 머릿속에 물음표가 생긴다. 어두운 새벽을 떠나 산으로 출발할 때는 설렘의 시간으로, 등산을 마치고 돌아올 땐 정리의 시간으로 나름의 루틴이 있었기 때문이다. 그 시간들이 없어지는 것은 어떻게 해야 하나 고민에 잠겼지만, 아직 시간이 남아 있는 만큼 결정은 뒤로 미룬다.

요즘 산에 가고 싶어 안달이 나 있다. 아니, 계속해서 산이 나를 부르고 있다. 며칠 전에는 직원들과 장어를 먹으러 갔는데 난생처음 명이나물을 생으로 먹는 횡재를 했다. 항상 장아찌로 담근 것만 먹어 왔던 터라 신기해서 바로 먹어봤는데 정말 맛났다. 너무 맛있어서 3번째 리필을 해달라고 외칠 때, 사장님께서 직접 오시더니 이 명이나물이 경북 영양의 '일월산'에서 유기농으로 재배한 것이라고 말씀하셨다. 세상에나, 또 '산' 이야기다. 그렇지 않아도 산에 가고 싶어 안달이 나 있는 나에게 계속해서 어떤 경로에서든 산 이야기가 전해진다.

즉시 핸드폰을 열고 초록 창에 일월산을 검색해 보니 해발 1,219m에 태백산맥에 속한다고 한다. 이미 다음 산은 월악산으로 정해져 있었기에 월악산 등산 후 그다음에 오르기로 마음먹었다. 오늘 새벽에도 어김없이 6천 보 걷기를 하는데 평소엔 들리지 않던 새의 지저귐이 어디에선가 들려오고 있었다. 마치 지난번 다녀온 덕유산에서 지저귀던 그 새가 지금 여기 날아와 나에게 인사를 하는 건가 생각까지 들 정도이니 내가 산을 얼마나 사랑하게 되었는지는 더 물어볼 것도 없다. 게다가 봄이 와서인지 새벽에 비가 내려서인지 길가의 풀잎 냄새가 코로 들어와 마음으로 잔잔하게 스며든다. 모든 것들이 산으로 가라고 재촉하는 것 같다. 걸으면 행복해진다. 이유 있는 불평이든 부정이든 걷기 시작하면 어느새 마음은 평온해지면서 생각이 정리되고 긍정의 마인드로 바뀐다.

내가 걷기 시작한 이유는 건강 때문이기도 했지만, 지금은 건강은 물론 긍정을 위한 것이기도 하다. 걷기 시작 후 일 년 동안은 머릿속의 생각을 꺼내어 정리해 보려 애썼지만, 지금은 생각 없이 걷고자 한다. 걷는 데에만 집중하다 보면 문득 정리되지 않던 생각들이 해답과 함께 찾아와 내게 가르침의 길을 내어준다. 이전에는 잘 따라오지 못하는 사원들은 자포자기의 심경으로 내팽개쳤다면 지금은 이해, 또 이해로 사원들과 함께 진심으로 소통하며 성장의 시간을 보내고 있다. 제대로 된 행동을 보이지 않을 때, “에라 모르겠다. 당신하고 싶은 대로 해”였다면 이제는 “그랬구나, 당신이 지금 그런 상황이구나, 많이 힘들고 지쳐있구나”라고 먼저 너그럽게 이해하려 한다. 나도 좋고 상대방도 좋을 수 있는 법을 걷기가 가르쳐 준 것이다.

관계의 시작은 이해와 감사의 관점에서 시작한다고 느끼고 있는 요즘이다. 모든 변화의 시작에는 책과 독서, 운동과 건강이 있었다. 건강에는 육체적 건강만 있는 것이 아니라 정신적 건강도 포함되는데 독서 없이 운동만 하면 육체적 건강은 얻을 수 있어도 정신적 건강은 얻을 수 없다고 말하는 게 맞을 것 같다. 적어도 내 입장에서 볼 때는 말이다.

드디어 2주가 지나고 월악산 등반 하루 전날인 금요일이 찾아왔다. 메리츠화재 CEO인 김용범 부회장님과 한스컨설팅 한근태 대표님과 함께 북클럽 우수자 행사 차 곤지암에서 1박 2일을 보내고 있었다. 다음 날 있을 산행에 미리 몸을 좀 풀어 두라는 듯 3시간 정도 화담숲을 방문하는 일정이 마련되어 있었다. 유유자적 거닐며 보고 듣고 즐기는 시간이라 더욱 좋았다. 화담숲은 정말 관리가 잘 되어 있다. 예약도 어려울 만큼 인기가 높다는 말이 실감되는 시간이다. 북클럽 일정은 내일 오전까지이지만 회사에 미리 양해를 구하고 그토록 기다리던 월악산 등산을 내일 떠난다. 심장이 두근거리고 온몸이 춤추듯 흥분해 있다. 저녁 만찬까지 진행되는 일정이었지만 내일 등산을 위해 음주량을 조절했다.

만찬 중간에 한근태 대표님과 함께할 시간이 있었는데 나는 '책으로 사람이 얼마나 달라질 수 있는지' 꼭 증명해 보이겠다고 말씀드렸다. 만찬이 끝나고 숙소로 돌아가기 전 한근태 대표님과 잠시 대화를 나누었다. 내가 지금 글을 쓰고 있는 것을 정말 책으로 출간하고 싶은 마음이 큰데 대표님의 생각은 어떠신지 솔직하게 듣고 싶어 몇 가지 궁금한 점을 물었다. 대표님께서는 여러 가지 좋은 피드백을 해주시면서 격려와 함께 계속해서 글을 써보라고 하셨다. 가능하다고, 뒤도 돌아보지 말고 계속 써보라고. 내 삶에 가장 크고 선한 영향력으로 선물처럼 나타난 한근태 대표님과 책과 산이란 큰 행운과 행복을 주신 김용범 부회장님께 정말 감사하고 감사한 마음이다.

숙소로 돌아가는 길에 내일 날씨를 검색해 보니 오전이 아닌, 오후부터 비가 온다고 한다. 야호! 정말 다행이다. 침대에 누워 잠을 청해보는데 설렘에 심장이 자꾸만 두근두근 대서 깊게 잠이 들기는 어려울 것 같지만 그래도 저녁 9시 30분, 월악산을 가슴에 품고 조금 일찍 잠을 청해본다.

지속적인 인풋(input)이 **번뜩이는 아웃풋(output)으로**

토요일 새벽 3시, 준비를 마치고 월악산으로 출발한다. 출발한 지 15분쯤 뜻 모를 불안함과 함께 뭔가 잊은 게 있단 생각이 들던 찰나, 큰일이다! 등산 가방을 호텔에 두고 온 것이다. 서둘러 되돌아가는데 숙소 입구가 닫혀 있다. 다행히 차량이 차단기에 가까워지니 입구는 열렸지만, 방에 들어가 가방을 갖고 오는 것이 문제였다. 어제 숙박을 두 동료와 같이했는데 고민하다 후배 본부장님에게 전화하기로 마음먹는다. 새벽 3시에 잠을 깨워 문을 열어 달라고 말하기가 여간 마음이 불편한 게 아니다. 1층 로비에 직원이 있으면 양해를 구해볼까 했지만 없었다. 전화를 드리니 한참 뒤에 받으셨고, 자초지종을 말씀드리는데 너무 죄송했다. 그

렇게 등산 가방 없이 월악산에 도착할 뻔한 나는 안도의 숨을 쉬고 캄캄한 도로 위를 다시 달리기 시작했다.

이동하다 보이는 편의점에서 물과 단백질 음료, 도시락, 산에서 점심으로 먹을 김밥과 가글을 구입했다. 도시락을 데우고 허겁지겁 배를 채우는데 목이 멘다. 마실 물 2개를 사긴 했지만 성급한 마음에 도시락을 데워놓고 차에 가져다 두었기에 밥과 반찬뿐이다. 그냥 우걱우걱 집어삼킨다. 차로 다녀오면 되지만 등산 가방 때문에 시간이 지체되어 식사를 빠르게 마친 후 다시 출발한다.

도착지까지 10km 정도 남았을 무렵 아직 어두워 라이트에만 의존해 이동하는데 롤러코스터를 타듯 구부정한 길이 계속된다. 마지막 1km는 중형차 한 대만 지나갈 수 있는 외길인데 심지어 급경사 오르막이다. 옆은 낭떠러지인데 내 차는 카니발이다, 바퀴 끝의 5분의 1은 허공을 오르고 있다. 어서 날이 밝아지기를, 낭떠러지로 떨어지지 않기를 기도하며 안절부절못하며 올라간다. 자칫 잘못하면 아래로 떨어져 산행하기도 전에 차와 함께 하산하게 될지도 모를 길을 오른다. 이 길이 맞나 싶은 찰나, 곧 작은 주차장과 희미하게 공용 화장실이 보인다. 아이고, 살았다.

새벽 5시 14분 도착한 보덕암 주차장. 라이트를 꺼보니 아직 밤이다. 핸드폰을 꺼내 보이지 않는 길을 걸어 화장실에 도착해 거울 앞에 서서 선크림을 바르는데 초조함이 든다. 어둠 속 앞이 전혀 보이지 않아 천천히 오르다 보면 날이 밝아지겠지 하며 등산 준비를 하는데 바깥에서 툭툭 소리가 들렸다. 어제 날씨 확인했을 때 오후부터 온다고 했던 비가 벌써 내리기 시작했다. 초조한 마음이 더 커지려는데 다행히 준비하는 동안 비도 금세 그쳐 길이 희미하게나마 보였다.

여러 종류의 새소리만이 들리는 어둠이지만 희미하게 발 디딜 곳은 보인다. 입구를 찾으려 뒤쪽 좌측으로 보이는 돌계단을 오르다가 길이 막혀 있어 다시 내려와 우측으로 오르는데 여기도 막혔다. 이번에는 앞쪽 좌측, 거기도 막다른 길이라 강아지 두 마리가 짖어대는 쪽으로 올라가 보는데 엄청나게 짖는다. 이른 새벽 인기척이니 그럴만하다. 그렇게 20분 정도를 헤매다 동이 트기 시작해 잘 둘러보니 보덕암 코스 팻말이 보였다. 이제야말로 진짜 등산 시작이다. 계단에 올라선 동시에 몸이 달아올라 겉옷은 가방으로 픽 쑤셔 넣었다. 한참 계단을 오르다 보니 평지보다 높은 오르막길이 나왔다. 이 정도는 그냥 걷기 쉬운 호흡 고르기용이다. 다른 곳에서 계속된 오르막길을 오르는 것이었다면 힘들다고 느꼈을 것이다.

힘이 들다, 어렵다는 것의 기준은 무얼까? 스스로 어려움을 선택해 하고 있던 것들은 잊지 않고 지금의 것들을 더 유연하고 잘되도록 하게 만드는 새로운 도전과 시도, 시작의 다른 말은 아닐까. 한동안 다시 계단을 오르다 흙길의 오르막을 걷는다. 이번에는 힘이 들었다. 조금 전 오르막길에서는 호흡을 조절하듯 편했는데 이번엔 그렇지 않았다. 여기서 깨달은 것이 바로 무슨 일이든 '지속하는 건 어렵다'이다. 힘듦을 기꺼이 받아들이며 지속하고, 해야 할 일이라고 생각하며 이겨 나아가는 데에는 더 크고 더 담대한 목표가 반드시 존재해야 한다. 내가 정상인 월악산 영봉을 오르기 위한 목표처럼, 지금 어렵고 힘듦을 반드시 이겨내야 하는 이유는 다른 말로 '꿈' 때문이 아닐까. 반복에 지치지 않는 이유를 찾으려면 제대로 된 목표를 설정하는 것부터 고쳐야 할 것 같다.

어제 북클럽 워크숍에서 한근태 대표님이 평소에 말씀하시던 '인풋 아웃풋'을 다시 한번 각인시켜 주셨다. 책으로 지식을 습득하고 나면(인풋) 어느 순간, 어느 날에 좋은 아이디어와 방법이 번뜩이며 나타난다(아웃풋)며 계속, 많이, 지속적으로 책을 읽어야 한다고 강조했다. 김용범 부회장님께서는 모든 것에 대해서 너무 완벽해야 하고 다 이해해야 하고 다 알아야 한다고 생각하는 것은 매우 위험하다며, 그것들은 스스로 자신을 압박하고 옭아매고 쥐어뜯는 형태의 강박을 가져와 내 안에서 견디지 못하고 폭파되어 결국 외부로 전달된다고 하셨다. 좋지 못한 상황이 계속될 것이라는 의미였다. 그렇지 않기 위해서 나 자신을 먼저 잘 살펴야 하는데, 매일 같은 시간 속에 본인을 찾고 대화하는 건 어려우니 운동을 하며, 걸으며, 산에 오르며 자신과의 대화가 필요하다고 하셨다. 그 속에서 치유된 내가 안정된 마음으로 상대방을 이해해 소통, 리딩 할 수 있는 것이라고 말씀해 주셨다.

너무 부족한 나지만, 두 분 말씀에 어느 정도 발맞추려 평일에 책을 읽고 주말에 산을 오르며 내면의 깊은 대화를 위해 이를 실천하고 있다. 독서의 좋은 인풋은 내 삶과 내 일에 긍정적 아웃풋으로 번뜩여 즉시 새로운 시도와 시작이 실행되고 있다. 툭툭 건드리는 부정적 생각이나 관계에서의 어려움은 그들의 생각이 틀린 것이 아니라 다른 것일 뿐이며, 사람은 누구나 다르다는 것을 이해하며 너그럽고 유연하게 보내려 하고 있다. 문제가 생기면 그럴 수도 있는 것이라며 호흡을 크게 하고 조급한 마음과 툭 튀어나오려는 말을 발아래로 차분히 내려 본다. 이렇게 어떤 문제 상황에 대처하는 버릇을 들이고 습관이 되니 문제로부터 자유로워진 듯하다.

문득 회사에서 진행하는 사업 설명회(회사의 비전 제시를 통한 리크루팅)가 떠오른다. 지난 4월 설명회에 참석해 유독 적극적으로 참여하며 나와 아이 콘택트도 제일 많이 했던 사람이 일을 하기 어려울 것 같다고 그 사람을 데리고 온 직원이 말했다. 왜일까? 설명회 운영을 잘못하고 있는 건 아닐까, 하지 않아도 될 이야기를 굳이 한 것은 아닐까? "영업하면 빚을 진다던데"라는 말을 필두로 "우린 그렇지 않다"라고 말했던 것이 부정적인 생각을 깨우게 했던 것은 아닐까. 실제 운영에 있어 매출, 실적과 관련된 이야기는 전혀 하지 않았고 심지어 영업(보험, 카드, 생활제품, 건강기능식품 등)하는 사무실에 걸려있는

실적 판을 게시판에 걸어 본적도, 실적 파악도 없이 운영해왔다. 비슷한 일을 해본 사람이나 하고 있는 사람들은 많이 놀라겠지만 실제로 그랬다.

하고 있지도 않은 것들을 마치 자랑처럼 말하고, 일어나지 않을 것에 부담과 부정적인 생각을 준 것일까? "우리는 그렇지 않다"라는 말로 상대적 안정감을 주고 싶었던 것이 오히려 독이 된 느낌이다. 즉시 부정적 이미지는 지워야겠다, 하지 않고 있는 것들은 말하지 않고, 잘하고 있는 것과 잘해 드릴 수 있는 것들로 채우겠다고 생각한다. 전국에서 상위권 매출을 달성해내고 다른 곳과 비교해도 분명 이점이 더 많은 곳임에도 하고 있지 않은 단 하나의 부정이 프레젠테이션 결과에 미치는 영향에 대해 이해하게 되는 순간이었다. 책과 산이 큰 깨달음을 내려 주심에 깊이 감사한다.

변화는 가치를
오래 머무를 수 있게 한다

오르는 중간, 산 아래로 충주호의 경치가 훤히 보이는 탁 트인 곳이 나왔다. 벌써 정상에 가까워진 것일까? 좌측을 보니 높게 솟은 봉우리가 세 개는 되어 보인다. 몇 번째 봉우리가 정상일까? 설레는 마음을 뒤로하고 어릴 적 학교에서 서로 키를 재듯이 솟아 있는 여러 봉우리를 오르고 내리고를 반복했다.

허허, 그런데 이상하다? 세 번째 봉의 계단을 오르다 뒤를 돌아보니 조금 전 넘어온 두 봉우리가 보이는데 첫 번째부터 지금까지 넘어온 봉우리까지 그 순서대로 높다. 분명 첫 번째 봉우리에서 봤을 때는 모두 비슷하거나 첫 번째 봉오리가 오히려 높은 것처럼 보였는데 말이다. 사람 사는 이치도 같다. 같은 아파트에 살아도 누구는 현금으로 매입하고, 누구는 대출받아 매입하고, 누구는 대출받아 전세로 살고, 누구는 월세로 산다. 사는 곳은 같지만 그 안의 환경과 마음의 여유, 생각의 자유로움에는 분명히 차이가 있을 것이다. 돈이 전부는 아니라고 하지만, 글쎄다.

북클럽 시간 중 한근태 대표님은 자유의 재정의가 바로 경제적 자유, 해방이라고 하셨는데 적어도 나는 이 말에 200% 공감한다. 그래서 내가 하고 싶은 말은 성장이란 이름에 성공을 만들어내는 성장통이 반드시 필요하다는 것이다. 멈추지 않고 끊임없이 더 나음을 시도하고, 도전하고 실패하고 좌절하며 그 시간 속에서 틀리거나 잘못된 부분을 깨닫고 다시 고쳐가는 과정이 있어야 한다. 그 과정이 고통스러울지언정 억지로라도 찾아서 그것을 이겨내야 한다.

"익숙해지는 것은 매우 위험하다"라는 말도 있다. 비슷함 속에 반드시 다름이 존재한다는 것을 인지하고 이겨내려 노력할 때 비로소 아름답고 열정적이며 즐거운 하루와 내일의 성장이 있다고 믿는다. 보통 어느 정도(성과가 나오거나 장사가, 사업이 잘되는 정도)가 되면 현재에 안주하거나 '척'하기 바쁘다. 하지만 나에겐 배부른 돼지보다 배고픈 소크라테스가 더 나은 삶이며, 또 지금도 그렇게 살아가고 있는 사람들을 응원한다. 만약에 세상에서 경제적 자유보다 월등한 것이 있다면, 경제적 어려움에서 경제적 자유로 가는 시간 속에 있는 '선택적 고통'이 아닐까 생각한다.

이름 모를 4봉으로 향하는 능선에서 갑자기 동물 발소리가 가까워져 냅다 뛰었다. 산이 험해 뛰는 것이 매우 위험했지만 곰, 멧돼지와의 정면승부는 집으로 돌아가지 못할 수도 있기에 줄행랑을 쳤다. 이내 계단으로 들어서자 더 이상 따라오지 못하겠지 하며 멈추어 숨을 고른다.

4봉에 뭔가 우뚝 서 있는 것이 보이는데 정상의 비석인지 사람인지 모르겠다. 사람이라면 내가 산행에 있어 2등인데, 지난번 덕유산에서 배려의 가르침을 받은 나이기에 산행에 이제 1등, 2등은 중요치 않다. 사실 나는 지는 것을 매우 싫어한다. 그 이유는 내 삶을 대하는 태도가 언제나 최선의 노력으로 일관하고 있으며, 우리 본부 식구들과 함께 가는 삶이 되기에 그렇다. 개인영업을 할 때는 혼자만의 성공이 우위에 있었다면 지금은 나보다 함께 일하고 있는 사원들의 성공을 위한 마음이 더 우위에 있다. 이를 위해 겪어야 할 힘들고 아픈 시간 속의 성장통에 지고 싶지도 않다. 당연히 받아야 할 것에 지게 되면 사원들은 줄줄이 성장에서 패하게 된다. 하지만 적어도 산에서는 순위에 대한 욕심을 내려놓으려 한다. 그래야 마음의 여유가 생기고 치유되며 산과 나에게 더 집중할 수 있게 되어 내려간 후에도 가족과 본부 식구들을 치유해 줄 수 있다.

어느새 정상에 다다른 느낌이다. 이번 산행에서는 새소리를 많이 듣지 못한 것 같다. 멈추어 귀 기울여보니 한두 마리만 소리 내고

있었다. 아침이라 충주호에 사냥을 하러 내려간 듯하다. 드디어 2시간 만에 월악산 정상 영봉에 도착. 정상에서 보이는 경치는 말로 표현할 수 없다. 수많은 봉우리의 산세와 그 아래로 진달래가 만개한 충주호, 역시나 육지에서 만나는 바다라는 말이 아주 그럴듯하다. 충주호는 우리나라에서 두 번째로 큰 호수라고 하는데 흐른다기보다는 멈춘 듯 보이는 물줄기가 마음을 평온하게 만들어 준다. 아까 4봉에서 멀리 희미하게 보이던 우뚝 서 있던 정체는, 정상에 먼저 오른 사람이었다. 내가 도착하자마자 옆쪽으로 내려가 테이블에서 식사를 한다. 정상에 올라왔으니 포토 타임을 가지라는 듯한 배려에 감사함을 느끼고 편하게 사진을 찍어본다. 셀카봉을 가져왔는데 이것 역시 잘 나오지 않는다. 내 얼굴 탓이다. 그래도 편하기는 하다. 역시 온전한 준비 상태는 사람의 마음에 평온과 만족감을 준다. 새벽에 먹은 도시락에 아직 허기가 없어 단백질 음료 한 병을 마신 후 정상의 풍경을 바라보고 다시 내려갈 준비를 한다. 정상 자리에 혼자 있을 시간을 내어준 그 사람에게도 인사를 잊지 않는다. "조심히 하산하세요" 짧은 인사를 한 뒤 하산을 시작했다.

하산하는 길, 작다고 평가해버린 3봉과 2봉, 1봉이 무시했으니 다시 오르며 고생 좀 해보라는 듯 나에게 정면 승부를 걸어온다. 그래서 삶에서도 사회에서도 직장에서도 높은 곳에 오를 때 생각을 조심하라고 하는 것이구나 하고 깨닫는다. 여하튼 지금 내가 하산하는 중인지 다시 산을 오르고 있는 것인지 애매한 상황이다.

3봉의 오르막길과 계단이 계속되고 숨소리는 거칠어졌다. 누가 형만 한 아우 없다 그랬던가. 둘째인 3봉은 지금 4봉인 큰형만큼이나 억세다. 악! 힘이 들어 바닥만 보고 걷다 나무에 머리를 박았다. 다행히 얼굴 쪽이 아니라 외상은 없었다.

2봉에 다시 올라 뒤를 돌아보니 역시나 처음 오를 때 보던 것처럼 3봉과 4봉의 높이가 나란히 있는 듯했다. 앞으로는 산의 높고 낮음을 눈에 보이는 것만으로 판단하지 않겠다고 다짐한다. 회사에서도 내가 본부장이라고 사원들을 아래로 보지 말 것, 그리고 그들이 나보다 더 큰 사람일 수도 있다고 생각하며 대하자고 다짐했다. 분명히 그들이 나보다 더 큰 사람들이리라. 함께하는 사람들을 크게 바라볼 수 있는 깨달음과 깨우침을 산에서 얻고, 깊이 새기며 다시 발걸음을 옮겼다.

봉우리를 다 지나오고 나서야 문득 이게 지금 네 개의 봉우리였나, 아니면 첫 봉우리를 별생각 없이 넘어와 다섯 개의 봉우리였나 싶어 인터넷으로 알아보려다 그만둔다. 몇 개이든 간에 내게는 가르침을 주었던 봉우리들이었기에 감사한 마음으로 이제 봉우리들을 마음에서 보내려 한다. 그런데 내려가는 길, 어떤 젊은 사람들이 지나며 "저기 뒤에 있는 게 네 번째 봉인가 보다." 하고 지나갔다. 다들 봉우리가 몇 개인지 알고 오르는 거였나. 난 어디서 출발하는지 혹은 정상이 어딘지만 알아보는 등린이라 봉우리가 몇 개인지는 몰랐지만, 걸어온 길과 시간으로 언제쯤 도착하겠구나 예상하며 오르는 미지의 탐험이 내겐 더 즐거움을 주었는지도 모른다. 1봉, 2봉, 3봉, 4봉 그 뒤에 더 있을지 모를 봉우리들, 어디가 끝일까 상상하면서 봉우리를 넘으며 깨우침이 생긴 것에 나로서는 다 이해할 수 없는 등산에서의 배움에 만족하고 있는 것 같다.

정말 모든 산은 분위기도, 주는 느낌도, 영감도, 그리고 깨달음도 다 다른 것을 느낀다. 산과 산이 다르다고만 할 수 있을까. 같은 산이라도 사계절, 매일의 날씨와 바람에 따라 다르다. 매 계절 그리고 매일, 산은 우리에게 변화의 중요성에 대해 가르침을 주고 있다. 익숙하다는 것은 새로운 시도나 변화가 없었다는 것으로 결국 지금에 안주하는 것은 그 가치가 산처럼 오래 머무를 수 없다는 것과 같다는 것을 빗대어 생각해보며 다시 한번 산의 가르침에 경의를 표한다.

오르고 내리는 길에 지난 가을, 겨울에 떨어진 잎이 수북이 쌓여 있다. 두서없이 쌓인 이 낙엽들은 다 어디로, 언제 떠나는 걸까? 잘 모르겠지만 떠나지 않는다면 비에 맞고 바람에 쓸리고 날리어 부서져 결국 먼지가 되어 날아가는 것은 아닐까. 본래 시작된 자연에서, 자연스럽게 어느 날엔가 말이다. 태어나 아등바등 살아가고 경쟁하는 인간의 모습보다 치열한 경쟁 없이 서로 포용하며 오고 감에 의미를 두지 않고 숨 쉬는 자연에 흩뿌리어진 낙엽이 더 아름다워 보이고 편해 보이는 것은 나만 그런 것일까.

주차장에 도착했을 때 새벽에 보지 못했던 나무들, 이제 막 싹을 트고 올라온 초록 초록한 잎새들, 서로 다른 목소리로 노래자랑 하듯 지저귀는 새들과 길옆으로 보이는 흰색, 노랑, 파랑, 초록에 갖가지 색의 꽃들과 알 수 없는 풀잎들까지 모두 내게 수고했다고 말하며 내 마음을 차분히 받아준다. 이번 산행에서는 익숙함에서 잃게 될 것, 익숙함의 소중함, 익숙함 속에서의 변화, 거세게 불어 힘차게 지나가는 바람처럼 새로운 시도에 뜨겁게 살아 숨 쉬는 삶에 대해 깨달았다. 그렇게 오전 10시, 하산을 완료했다.

주차장에 도착해보니 등산객들로 인산인해가 되어 있었다. 산을 좋아하고 사랑하는 사람들이 많다는 것을 직접 눈으로 확인하게 된 시간이다. 집으로 돌아가는 길, 새벽에 자칫 산 아래 낭떠러지로 떨어질 뻔했던 급경사를 내려가는데 중간중간 올라오는 차량들과 마주한다. 내가 내려가는 길이니 잠시 비켜 문제없이 잘 올라올 수 있도록 배려했다.

산에서 내려와 아스팔트 위를 달리다 보니 그 옆으로 충주호가 보였다. 진달래와 충주호를 바라보며 감탄했던 시간을 떠올리며 지났다. 하산하고 30분도 지나지 않아 기가 막힌 타이밍에 비가 무척이나 많이 쏟아졌다. 언젠가 비 내리는 산속을 걷고 있을 나이겠지만, 아직 여러모로 준비가 미숙한 터라 이제야 내리는 비에 진심으로 감사한 마음을 가지면서, 뒤늦게 산을 오르기 시작한 모든 사람들이 무사히 등산을 마치기를 함께 기도한다. 자연의 이치에 대한 감사와, 타인에 대한 걱정과 배려를 생각하는 시간을 지나 집에 도착했다.

일월산

길을 잃어보지 않은 사람은 모르리라
터덜거리며 걸어간 길 끝에
멀리서 밝혀져 오는 불빛의 따뜻함을

막무가내의 어둠 속에서
누군가 맞잡을 손이 있다는 것이
인간에 대한 얼마나 새로운 발견인지

나희덕의 詩, 〈산속에서〉 중에서

일월산 등산이 3일 앞으로 다가와 교수님께 올라갈 산을 말했는데 일월산은 잘 모르는 산이라는 답이 왔다. 등산 고수인 교수님도 모르는 산이 있다는 것에 많이 당황했지만, 한편으로는 대단하다는 마음도 들었다. 나 같으면 산을 검색 후 안내하면서 '아는 척'을 했을 거라는 생각이 들어서다. 역시 산을 많이 오른 선배님들은 정신 수양이 잘 되어 있는 것 같다. 지위 고하를 막론하고 어떠한 경우도 거짓은 안 된다는 것을 다시 한번 깨달으며 '불치하문(不恥下問)'이라는 사자성어가 떠올랐다. '아래 사람에게 묻는 것을 부끄럽게 여기지 않는다'라는 뜻인데, 삶에서든 본부 운영이든 '척'은 도움이 안 된다. 그것과의 이별을 다짐해 본다.

조언을 구하지 못해 직접 등산로를 찾아보는데 여간 어려운 일이 아니었다. 도저히 원하는 시간대의 코스가 찾아지지 않았다. 중간에 교수님이 보낸 문자를 보니 1시간 30분 코스를 추천했다. 5시간 전후의 코스는 없는지 물어보는데 역시나 "저도 거길 안 가봐서 잘 모르겠어요"라고 답을 했다. 솔직한 교수님이 참 좋다. 1시간 정도 찾다 보니 원하는 코스를 나왔다. 4시간 50분 코스인데 딱 좋았다. 뭔가 스스로 해낸 것 같은 느낌이었다.

내가 처음 높은(해발 1,000m의 속리산) 산을 오르려고 했던 이유는 무라카미 하루키의 《내가 달리기를 말할 때 내가 하고 싶은 말》 중에 나온 사로마 호수 100km 울트라마라톤 때문이었다. 하지만 이후 계속 1,000m 이상의 높은 산을 선택하고 걷게 된 이유는 내 생각의 깊이가 달라졌기 때문이다. 그저 높은 산을 오르고 걷는 것이 아니다. 가장 큰 선물은 '동기부여'다. 동기부여는 보통 멘토나 영향력이 있는 사람들과의 관계에서 주고받는 것인데 상대가 없는 동기부여는 처음이라 신기하고 놀라웠다. 단순히 힘들게 올라왔다는 성취감이나 경치의 아름다움을 논하는 것이 아니라, 길을 걷고 산을 오름에서 얻는 배움과 깨달음으로의 반성과 각성의 시간, 책으로부터 번뜩이는 좋은 아이디어의 아웃풋까지…. 높은 산은 평온한 마음의 소리와 함께 진짜 '나'를 만나게 해주었고 깊은 대화를 할 수 있도록 했다. 가장 큰 축복은 자신과의 대화, 나를 이해하고 나를 찾아가는 나와의 소통이라 생각하며 나는 오늘도 산을 찾고, 산을 오른다.

선택적 역경의 **필요성**

산행을 이틀 남겨둔 목요일 오후, 괜찮을 것 같던 발목 통증이 이어지고 있었다. 문득 걱정이 들어 교수님께 발목에 하는 보호대나 테이핑이 있는지 물어보니, 교수님은 "저는 그러면 산에 가지 않아요"라고 말했다. 내가 복숭아뼈가 아프다고 하니 그러면 그건 등산화가 맞지 않아서 생긴 것일 수도 있으니 등산화를 산 곳에 가서, 복사뼈가 눌린다고 말하고 A/S를 받으면 잘 고쳐 준다고 했다. 오늘, 내일은 오전부터 저녁까지 업무 일정이 빠듯하고 금요일에는 경북 영양으로 출발해야 했기에 이번 주에 등산화 A/S 받는 것은 포기하고 대신 침을 좀 맞아보려고 한다. 여하튼 교수님의 조언 덕분에 발목 통증이 등산화 때문일 수도 있다는 사실을 알게 되었다.

오늘은 금요일, 내일이 산에 가는 날이다. 이번 주 내내 계속 저녁 식사, 회식 같은 잔업을 해왔던 터라 왼쪽 등 쪽에서 시작된 담이 좌측 옆구리까지 퍼져 통증이 전해졌다. 그래도 이 정도면 나쁘지 않다고 스스로 토닥인다.

내가 살고 있는 곳에서 경북 일월산까지는 260km로 쉬지 않고 차로 달려도 4시간은 족히 걸린다. 그래서 금요일 저녁 근처 숙소에 가서 잠을 청하기로 했다. 젊은 에너지 이채현 팀장에게 부탁하니 45km 근방의 모텔을 찾아 예약까지 해 두었다. 여간 고마운 일이 아니다. 일상에서 누군가에게 물어보고 질문하는 것이 편해진 요즘이다. 모두 책 덕분이지만 그중 『고수의 질문법』이 나의 질문 스킬을 많이 키웠다. 책을 읽고 질문의 힘이 정말 크다는 것을 깨닫고 난 뒤부터는 그냥 묻지 않고 고민하고 생각을 되짚어 본 뒤 최적의 질문을 하려고 한다. 내가 생각하는 좋은 질문은 '상대가 저절로 생각하게 만드는 질문'이며, 이보다 더 좋은 질문은 '그 생각을 실행하도록 만드는 질문'이다. 질문에 따라 나도 다른 사람과의 관계도 바뀐다. 질문을 잘하려면 우선 묻는 것을 두려워하지 않고 모르는 것을 부족으로 여기지 않는 마음이 중요한 것 같다.

저녁 6시 20분 드디어 경북 영양의 숙소로 출발했다. 휴게소도 들리지 않고 졸음 쉼터에 한 번 정차했을 뿐, 캄캄한 밤길을 달리고 달려 영양읍 서부리에 위치한 숙소 근처에 도착했다. 모텔 바로 옆에 편의점이 있어 허기를 채울 도시락과 김치를 사서 들어갔다. 내가 먼저 인사를 드리니 차분하신 여사장님께서 예약 여부를 물어보신다. 그도 그럴 것이 모텔 주차장에 주차 자리가 딱 한 곳밖에 없었던 것이 기억나 "네, 저희 직원이 오전에 전화를 드리셨을 겁니다, 여자분이세요"라고 답한다. 사장님께서 전화가 왔던 건 맞지만 그래도 핸드폰 번호 뒷자리를 불러보라 했다. 경비가 철통같다.

방으로 들어가기 전, 편의점에서 소주를 잊어버리고 그냥 왔다. 다시 내려가 편의점 냉장고에서 처음 보는 소주 '참' 두 병을 가방에 넣고 방으로 돌아왔다. 씻은 후에 밥을 먹을까 하는데 배가 너무 고파 샤워는 뒤로 미루고 손과 발부터 씻고 식사를 했다. 그런데 어디서 많이 보던 아저씨 사진이 붙은 도시락 뚜껑을 열었더니 오 마이 갓! 월악산 등산 전 목메게 욱여넣었던 그 도시락이다!! 그때의 한 맺힌 식사를 오늘은 편히 즐기라는 하늘의 뜻인가. 소주잔이 없지만 먼 곳에 와서 등산 하루 전날 소주병을 들고 마시는 게 꽤나 느낌 있다. 늦은 시간이고 도시락 양이 조금 많은 것 같아 절반은 새벽에 먹기로 한다.

일을 제외하고 무엇인가에 이리 즐겁고 가슴 떨리게 미친 적이 있었나 싶은데 그저 산 하나로 이렇게 된 것은 아니다. 산을 사랑하게 된 계기는 책이었다. 산에서 배우고 깨달음을 얻기까지는 책을 통한 인풋이 내재해 있다가 산을 오르며 아웃풋으로 번득였다고 확신

한다. 그래서 어제는 인스타그램 아이디와 내 소개를 '산책남, 세상에서 가장 위대한 조합 산 plus 책'이라고 바꾸기도 했다. 밤 11시 30분, 내일 산을 걷고 있을 생각에 두근두근한 설렘과 흥분을 안고 오지 않는 잠을 청했다.

드디어 일월산을 오르는 날이다. 아침에 일어나자마자 물을 한 잔 마신 후 어제 남겨두었던 도시락을 먹는데 맛났다. 식사를 마치고 씻고 선크림을 바른 뒤 양말을 신기 전, 발목 복사뼈 뒤쪽에 미리 준비해온 메디폼을 붙였다. 발목 통증이든 등산화의 조임이든, 이번에는 다른 것에 신경 쓰는 시간보다 오르는 일에 더 집중하고 싶어서다. 옷을 입고 짐을 챙겨 숙소 밖으로 나왔는데 역시 이 시간은 차도 사람도 빛도 없이 그저 어둡기만 했다. 하지만 낯설지 않은 느낌이다. 언제부터인지는 기억나지 않지만, 지금 다니고 있는 회사에 매일 새벽 출근하기 시작하면서부터 밤의 어둠이 아닌 새벽의 어둠과 친해지게 되었고, 새벽의 맑은 공기를 마시며 어둠 속을 달려 회사로 가는 길이 즐겁고 행복했다.

내가 긍정으로 변화된 순간을 돌이켜보면 카카오스토리에 2012년부터 약 7년간 365일 글을 쓰고 올리고를 반복했던 시간이었다. 당시에는 알 수 없었지만, 시간이 지나고 회사에서 북클럽을 하며 읽던 책 중 『타이탄의 도구들』이라는 책을 읽게 되었는데 내용 중 "글의 명확성이 곧 사고의 명확성을 나타내는 지표이다"라는 문장과 "글 잘 쓰는 사람이 미래를 얻게 될 것이다" 이 두 문장을 읽고 나서 지난 7년 동안 글을 써온 것이 영업 연도 대상 수상, 본부 승격, 본부장 승격이라는 성장의 결과물을 만들어냈다는 것을 깨달았다. 그때부터 다시 글을 쓰기 시작했고 지금은 책을 읽고 산을 오르며 집필도 하고, 인스타그램에도 자주 글을 올리고 있다. 스스로 글을 쓴다는 것의 장점을 터득했는데 그것은 바로 글을 쓰면 자연스레 좋은 생각을 하게 된다는 것이다. 부정을 몰아내고 긍정을 채워주는 것이 글쓰기와 글을 써야 하는 이유가 아닐까 생각해 본다.

편의점을 지나온 이후 불빛 하나 없는 어둠 속을 달렸다. 점심 식사는 가방에 가지고 다니던 초코바로 간단히 해결해야 할 것 같다. 일월산 대티골 주차장에 도착하니 차와 사람은 없고 어둠과 보이지 않는 계곡 소리만이 나를 반긴다.

고개를 들어 스트레칭을 하는데 아직 별이 수두룩하게 반짝이고 있었다. 등산을 시작하려는데 길을 잘 찾아갈 수 있을지 의문이다. 희미하게 보이던 마지막 남은 가로등을 지나고 나니 앞이 도저히 보이지 않아 이내 핸드폰 라이트를 켜고 걸었다. 산에서 무슨 일이 일어날지 모르는 일이라 어서 날이 밝아 배터리에 문제가 없기를 바라며 칠흑 속을 걷는다. 십 분쯤 걸어 오르니 갈림길이 나오는데 이정표가 없다. 코스를 어느 정도 숙지하고 출발했다고 생각했는데 새벽이라 길이 전혀 보이지 않아서 잘 모르겠다. 오른쪽으로 올라가다가 보이는 표지판에 내가 선택했던 코스가 없기에 다시 내려와 좌측으로 오르기 시작했다. 맙소사, 십분 즈음 걸어 오르는데 길이 없고 나무들 사이에 막혀 있다. 정말 너무너무 무섭다. 도망치듯 내려와 코스고 뭐고 표지판이 있던 그 길로 되돌아간다. 그 길도 무섭기는 마찬가지지만 적어도 표지판은 있으니까. 일월산은 인터넷에서도 산세가 깊고 등산로가 원시림처럼 어렵다고 나와 있는데 나는 지금 실제로 원시인이 되어 길이 아닌 길을 오르고 있는 것이다.

조금 걷자 통나무를 이어 만든 조그만 다리가 나오고 그곳을 건너다보니 10여 분을 지체하게 되었다. 5시가 지나니 주변이 조금씩 밝아지고 이제야 희미하게 길이 보인다. 내가 지금 산을 오르는 것인지, '나는 자연인이다'를 찍는 것인지 모를 만큼 이 산은 온전히 '자연 그대로'의 산이다. 딱히 길이라는 생각보다 사람의 손때나 지나옴이 묻어 있지 않은 산을 오르는 느낌이다. 걸음마다 소복이 쌓인 눈처럼 무릎까지 풍덩 빠지며 바스락 소리를 내는 낙엽 속에서 넘어지고 나무에 부딪힌다. 아무 길도, 아무 흔적도 없는, 어디인지 모를 산속에서 계속 헤매는데 길을 잃은 내겐 바람도 없고 고요한 적막과 두려움만이 존재한다.

높은 능선을 오르는데 저 멀리 큰 세 개의 봉우리와 함께 가장 우측 봉우리에 송신탑 같은 것이 보였다. 분명 인터넷에서 보았던 KBS 중계탑이라 믿고 그쪽으로 계속 미끄러운 산비탈을 올랐다. 길이 없는 산을 오르다 문득, 내가 가는 길이 얼마나 중요한지 생각해 본다. 어쩌면 사원들과 걷는 길도 이렇지 않을까? 하지 못했던 일을 함께 시도해 보며 힘들게 걸어가는 것이 이와 같을 것이다. 지금처럼 무섭고 두려운 것은 아니지만, 불편한 시도와 도전은 필요한 것이고 그로부터 성장성을 이해시키려 노력하며 이끌어가고 있다. 사원들이 그런 어렵고 힘든 길과 성장을 향해 걸어갈 때 본부장으로서 목적지까지 무사히 잘 이끌어 주는 내비게이션이 되어주고 싶다. 내가 먼저 고민하고, 실행해 보고, 연습하고 준비해서 없던 길에서의 발자국을 내어주고 싶은 마음에 좀 더 애를 써야겠다고 다짐하는 시간이다.

그런저런 생각으로 걷다가 이내 사람의 발자국인지 확실치는 않지만, 어떤 흔적을 보고 안도와 함께 희미한 자국을 따라 걸어 오른다. 안도함도 잠시, 금세 발자취는 보이지 않고 길을 잃은 듯 적어도 봉우리만 5개 정도를 넘고 있다. 처음에는 이왕 이렇게 된 김에 내가 길을 만들어볼까 하는 모험심이 생기기도 했다. 하지만 나는 2시간째 인기척도 없고 내가 밟은 돌이 멈춤 없이 한없이 굴러 떨어지는 소리 외에는 들리지도, 보이지도 않는 산을 거친 숨소리와 다리에만 의지해 오르고 있다. 나를 괴롭히는 수없이 엉키어진 나뭇가지와 미끄러운 비탈길에 내딛는 한 걸음 한 걸음이 불안하고 힘이 들었다. 그렇다고 포기하면 정말 모든 게 끝이기에 힘들어할 시간, 쉬고 싶다는 생각조차 없다. 다른 산으로 넘어가면 영영 돌아오지 못할 수도 있으니 말이다. 그런데 정말 길을 찾을 수는 있는 걸까? 찾지 못하면 이 드넓고 아무도 모르는 깊고 깊은 곳에 갇히게 될 텐데…. 의심과 불안이 꼬리에 꼬리를 물며 그렇게 무작정 송신탑 쪽으로 걷고 있는데 어는 순간 정갈하게 닦여진 능선의 길을 만났다. 정말 이 길이 맞을지 의심이 먼저 찾아온다. 별도리가 없어 능선을 따라 걸어 보지만 아직 길을 찾은 것이라 확신할 수 없기에 긴장감은 여전하다. 그래도 지금껏 걷던 길과는 많이 다르다. 그렇게 능선 길을 10분 정도 생각 없이 걷는데 어! 나무와 나무 사이에 흰색 로프가 보였다. 무척이나 반갑다! 드디어 길을 찾은 것일까?

그렇게 미지의 길을 오르고 걷기 시작한 지 2시간 20분이 지난 끝에 마지막 코너를 돌아 드디어 일월산 정상인 일자봉에 도착했다. 안도의 숨을 쉬고 나서 생각한 것은 '선택적 역경은 반드시 이겨내게 되어있다'라는 교훈이다. 내가 선택했거나 앞으로 선택할 길에 분명히 어려움과 고난이 있을 것을 알고 있다고 해도 담담히 그것을 이겨내며 나아가는 것. 그것을 이겨내고 나아가는 데 있어 목표와 목적지를 정확하게 설정하는 것이 얼마나 중요한 것인지 다시 한번 깨우치고 깨닫는 지금 이 시간이 감사하다.

정상에 서서 걸어온 발자취에 대해 생각해 본다. 내가 걸어왔던 산들의 능선을 바라보며 이곳까지 잘 도착하게 길을 내어준 일월산과 이름을 알 수 없지만 내 얼굴과 머리를 괴롭히던 나뭇가지까지 감사한 마음이다. 그저 큰 나무들만 있었다면 오히려 급하게만 오르려다 급경사의 산세에서 넘어지거나 굴러 떨어졌을 수도 있었을 것이다. 서로 엉키어 뻗어 있던 나무와 나뭇가지들이 시야를 방해해 앞으로 걸어나가기는 불편했지만, 이 때문에 내가 계속해서 앞을 제대로 확인하며 차분하고 정확하게 한 걸음, 한 걸음 디디며 걸을 수 있었다. 때론 위험한 경사에서 기대고 잡고 했던 버팀목이 되어주었기에 큰 사고 없이 목적지에 도착할 수 있었다는 생각을 해 본다. '불편함의 양면성'을 이해하게 되는 시간을 준 산과 나무, 나뭇가지 모두로부터 큰 깨달음을 얻은 것 같아 그저 감사할 뿐이다.

있음과 없음, 앎과 모름은 **선택적 결과물로 달라진다**

점심은 초코바와 물로 간단히 해결하고 일자봉에서 월자봉으로 이동했다. 20여 분을 걸었을까? 새벽에 길을 잃었을 때 유일한 이정표가 되어준 송신탑이 길 바로 옆으로 보였다. 높은 곳에 잘 보이게 있어준 덕에 길을 찾을 수 있어 매우 고마웠다. 나는 과연 직원들에게 언제나 변함없이 성장과 성공의 길을 찾을 수 있도록 송신탑처럼 든든한 사람이 되어주는가? 나무와 나뭇가지들처럼 처음엔 불편할지라도 사원들이 일과 성장에 집중할 수 있도록 지탱해주며 도움을 주고 있는가? 스스로 성찰해보지만 결론은 아직 멀었다는 생각이다. 지금보다 더 좋은 방법으로 사원들을 리드할 수 있는 방법을 찾아보기로 다짐해 보며 월자봉에 도착했다.

기념사진을 몇 컷 남기고 물 한 모금 마신 뒤 하산하려는데 인터넷에서 보았던 계단이 나온다. 오늘 산행의 첫 계단이다. 출발 전 코스를 봤을 때 등산로가 계단으로 안내되어 있었던 것이 기억났다. 이날 나는 흙과 낙엽, 그리고 돌만 밟으며 정상에 올랐고 하산할 때 처음으로 계단을 밟아본 것이다. 내려가는 길에 계단 옆을 보니 내가 새벽에 오르던 것과 비슷한 급경사의 산비탈이 보인다. 앞으로 이 산을 서너 번 더 타더라도 어두운 새벽에는 올바른 길에서 이탈할 수밖에 없을 것 같은 강한 산세다. 날이 밝은 아침에 본래의 길을 올랐다면 오늘처럼 큰 매력을 느끼거나 고난과 역경 속에 깨달음은 얻지 못했을 것이다. 스릴이 있어 좋았지만, 다시 경험하고 싶지는 않다.

솔직히 내가 산을 헤매게 된 데에는 한 가지 이유가 더 있었다. 지금 들리고 있는 이 소리, 바로 늑대개의 울부짖음 때문이다. 길을 잃기 시작한 새벽 5시 전후로 늑대인지, 개인지 정말 알 수 없는 울부짖음이 나를 계속 반대쪽으로 걷게 했던 것 같다. 처음 소리를 듣고는 위협할 수 있는 나뭇가지 하나를 치켜들고 큰 나무 옆으로 가 그 녀석이 다가온다면 어서 나무 위로 올라 싸우리라는 두려움에 싸여 있었다. 그런데 정말 신기한 것은 길을 헤매다 송신탑이 잠시 보이지 않았던 때가 있었는데 이때 송신탑 부근에서 그 늑대개의 울부짖는 소리가 들리기 시작했다. 나는 송신탑에서 일하고 있는 사람들이 키우는 개가 아닐까라는 생각에 오히려 그 소리가 반갑게 느껴졌다. 되레 그 소리가 나는 쪽으로 발걸음을 재촉한 덕에 제 길을 찾아올 수 있었던 것이다. 보이는 것, 들리는 것, 이미 알고 있는 것, 이런 것들은 삶에 큰 도움이 되지 않는다는 것을 진심으로 깨닫게 되었다. 살면서 내가 무엇을 보았건, 무엇을 들었건, 무엇을 알고 있건, 그보다 중요한 것은 어떻게 볼 것인지 어떻게 들을 것인지 어떻게 받아들일 것인지가 오히려 진실을 찾고 진심을 이해하는 데 더 도움이 되는 것임을 되뇌이며 다시 발걸음을 옮긴다.

내리막길을 걸으니 다리가 풀리며 근육이 떨리기 시작했다. 아까

각도 90°의 급경사 고개를 계속 오르고 넘어온 탓에 근육의 피로도가 높아진 것이 몸에 그대로 전해지고 있다. 재미있는 건 미친 듯 헉헉거리며 송신탑과 높은 봉우리들만 보며 제 길을 찾고 있던 새벽에는 '여기서 나가야 한다', '살아야 한다'는 생각에 근육의 피로도는 느껴지지 않았다는 것이다. 뭔가에 몰입해 있는 시간은 힘든 시간이지만 그 순간 힘듦을 느끼지 못하는 이유는 꼭 이루고 싶은 절실함과 간절함의 보이지 않는 아름다운 치유력이 아닐까.

잠시 쉬었다 가야 할 것 같아서 앉아보려는데 갑자기 큰 소리로 굴러온 돌이 멧돼지인 줄 알고 급히 도망가려다 또다시 우측 발목을 접질렸다. 다행히 걷지 못할 정도는 아니다. 지나온 이야기라 말하지만, 처음 사람의 발자취라 생각하고 반갑게 따라 걸었던 그 길의 발자국은 동물의 발자취였고 나중에 찾아보니 멧돼지의 발자국이었다. '맞음'과 '틀림'은 내 마음과 내 생각에서 정해지니 맞음도 없고 틀림도 없는 것이 삶이라 생각해 본다.

내려오는 길에 새벽에 좌측 길에서 마주쳤던 엄청난 크기의 나무가 길을 막고 쓰러져 있는 것이 보였다. 누워있는 높이가 땅에서 1m는 되는 나무다. 이 친구였다. 새벽에 내게 길을 내어주지 않았던 나무 말이다. 자연의 섭리를 내가 어찌 알고 이해하고 바꿀 수 있겠나. 그저 따를 뿐이다. 산이 날 미끄러지게 하면 미끄러지는 것이고 다른 길로 돌아가게 하면 돌아가야 하는 것이다. 큰 나무 친구 덕에 되레 흥미진진하게 산을 오를 수 있었다.

아침을 깨우는 새들의 지저귐과 힘차게 흐르는 계곡의 물소리는 청아하고 맑다. 정말 기막히다. 사실 새벽에 도착해서 산을 오르기 전에는 귀곡산장의 귀신이 나올 것 같은 분위기였기 때문에 물

소리도 무섭게 느껴졌었다. 이상하게도 새벽에는 조금 들리고 말았던 계곡의 물소리가 10분 넘게 귓가를 맴돌고 있다. 아마 어디선가 덮쳐올지 모르는 산짐승에 대한 두려움이 더 크게 작용했기 때문일 거다. 보고 싶은 것만 보고, 듣고 싶은 것만 듣는 모자라고 부족한 내 마음과 같으리. 그렇게 걷고 걸어 하산의 끝자락, 수많은 새들의 박수와 갈채를 받는다. 수고했다고, 길 잃고 고생한 거 다 알고 있다는 것 마냥.

주차장으로 내려오면서 내가 헤매고 헤맸던 산을 휘~ 둘러보는데 '난 그렇게 험하지 않아'라고 말하는 듯한 일월산의 풍경이 보였다. 수줍은 듯 분홍색 화장을 하고 갖가지 꽃으로 수놓은 원피스를 입은 것처럼 예쁘다. 누구에게나 내면의 고통이나 어려운 부분이 분명히 존재한다. 그것을 알기 전까지 타인의 삶에 대해 평가하는 것은 안 되겠다고 다짐해 본다.

차에 올라타려고 보니 주차장엔 내 차뿐이다. 그러고 보니 오늘은 등산객들과 한 번도 마주치지 않았다. 다들 다른 코스로 오르는 건지, 아직 등산을 시작하지 않은 것인지는 모르겠지만 일월산의 정기를 온전히 혼자 받은 것 같은 느낌에 어느새 피로도 사라졌다. 산과 자연에게 감사함을 전하고 다음 산행을 기약하며 오늘 산행의 추억을 품에 안고 집으로 돌아간다.

가리왕산

리더의 지위는 희생의 대가다.
리더가 치러야 할 비용은 개인 이익을 포기하는 것이다.
리더가 된다는 것은 희생하는 길을 택한다는 의미다.

이용준의, 〈희생의 리더십〉 중에서

수요일 새벽 워크숍으로 회사 연수원이 있는 강북구 우이동에 가고 있다. 연수원 근처에는 거대한 바위산이 있었고, 그 산이 최근 인스타그램에 올라오는 '산인'들의 소식에서 가장 핫한 산인 것을 알게 됐다. 20년간 다녀온 연수원이었지만 항상 보던 그 산이 북한산인지는 내게 중요하지 않았다. 멋진 풍경의 사진들이 가득했던 북한산의 게시물을 보면서 오르고 싶다는 생각이 들었지만, 로프를 잡고 급경사의 암벽을 타는 위험해 보이는 사진이 많았다. 우뚝 솟아 있는 바위들을 보며 다치지 않고 오를 수 있을까 싶어 겁이 났다. 아직 그 산에 대한 제대로 된 정보가 없었기에 좀 더 알아보기로 했다.

워크숍 중간, 밖으로 나오니 어김없이 눈앞에 보이는 북한산이 웅장한 자태로 나를 바라본다. 걷는 것과 산을 오르는 것에는 자신이 있지만 줄을 잡고 오르거나 줄 없이 암벽을 오르는 것은 무리라고 판단해 즉시 북한산 등반은 포기하고 이번에 오를 다른 산을 찾기로 한다. 해발 1,300m로 검색하니 주르륵 산들이 나오기 시작하고 그중에서 6시간 정도 소요되는 딱! 원하는 코스의 산을 찾았다. 강원도 정선에 있는 '가리왕산'이다. 코스를 제대로 숙지해서 가자 다짐하며 외워본다. 다행히 코스가 그다지 어렵지는 않은 것 같다. 언제나 산은 내 생각과 달랐지만(등산 후 평소보다 다리 통증이 심해 알아보니 설악산 정도의 힘든 코스라고 한다) 말이다.

일월산에서 접질렸던 발목은 다행히 큰 통증은 없었다. 파스를 아침, 저녁으로 바른 덕에 움직임이 괜찮은 듯하다. 문제는 화요일에 시작된 감기였다. 기침, 콧물이 속을 썩인다. 병원에 가는 것을 정말 싫어하지만, 조회를 마치고 이비인후과에 다녀왔다. 발목 통증이 괜찮아지면서 토요일에는 꼭 산에 오르고 싶단 생각이 강했던 나는, 온몸을 괴롭히는 감기에 화가 났다. 다행히 병원에 다녀와 약을 먹으니 이상하게 조금 나아지는 기분이 들어 '금요일 저녁까지 컨디션을 보고 산에 가야지! 꼭 가고 싶다!' 생각했다. 토요일 아침 눈을 뜨니 컨디션이 괜찮아 기쁜 마음에 다음날 산행을 준비했다.

리더의 자질과
주목(朱木)

일요일 새벽 강원도 정선으로 출발했다. 가리왕산 주차 자리가 10대 남짓이라고 해서 서둘러 출발한다. 두 시간을 달려 가리왕산 근처 편의점에 도착했다. 라면과 김밥으로 아침 식사를 하고 편의점 사장님께 어제 비가 많이 내렸는지 묻자 그렇게 많이 오진 않았다고 한다. 다행이다. 가리왕산 등산로는 계곡 옆길을 걸어야 해서 비가 많이 오면 위험할 수 있기 때문이다. 밖으로 나오니 비는 내리지 않지만 차가 휘청일 정도로 바람이 세차게 불었다. 장구목이골 주차장에 도착해 차에서 내리니 계곡의 물소리와 세찬 바람이 나를 맞이했다. 그럼에도 불구하고 굳이 이른 새벽에 산을 오르는 이유는 고요함과 적막, 어둠 속에 얻는 깨우침이 크기 때문이다.

모든 준비를 마치고 산행을 시작한다. 아직 어둡긴 하지만 일월산만큼 무섭지는 않다. 계곡 물줄기를 따라 오르니 힘차게 흘러내리는 폭포가 보였다. 비가 와서 그런지 폭포의 웅장한 물소리가 멋지다. 20분쯤 오르니 세차게 불던 바람은 없고, 상쾌한 공기만이 있다. 동이 트기 시작하며 눈앞에 펼쳐지는 풍경이 영화 해리포터에 나오는 것처럼 예쁘고 푸르다. 등을 밀어주듯 불어오는 바람이 참 좋다. 앞에서 불었다면 춥다고 인상 찌푸렸을지도 모른다. 이래라저래라하며 '지시'하는 건 앞바람이고, 뒤에서 밀어주며 방향을 '제시'하는 건 뒷바람이다. 함께 하는 사람들을 불편하게 하는 앞바람이 아닌 뒤에서 부는 바람이 되길 마음먹는다.

계곡 옆으로 큼지막한 바위에 푸르게 빛나는 이끼가 전세 놓은 듯 바위 전체를 덮고 있었다. 반대도 마찬가지다. 다른 곳에서 볼 땐 이끼가 조금씩만 붙어있어 깨끗해 보이지 않았는데, 지금은 돌, 나무, 산 전체에 퍼져있어 보기 좋다. 사람과 사물도 마찬가지다. 주변 환경에 어울리면서 자연에 순응하려면 적응이 필요하다. 이끼도 사람도 같다.

한 시간쯤 올랐을까. 나무에 매달린 '이끼폭포 7폭' 문구가 보였다. 폭포의 경치와 흐르는 계곡의 물소리가 예술이다. 조금 더 오르니 8폭이 나왔다. 그러고 보니 1폭부터 6폭까지는 보지도 못하고 올라왔다. 다 보고 왔다면 좋았겠지만, 보이지 않는 길을 열심히 오르는 것도 괜찮다. 꿈이나 목표를 처음부터 확인하고 완벽을 추구하면서 목표까지 도달하는 것은 어렵다. 차라리 꿈을 던져 놓고 무작정 열심히 하는 것도 목표에 다가서는 방법이라고 생각한다. 나 또한 입사 후 5~6년은 어떻게 일했는지 기억나지 않는다. 하루하루의 최선이 모여 스포트라이트를 받게 되었다. 그저 성공하겠다는 생각으로 무작정 최선을 다했다. 지치지 않고 힘듦을 이겨낼 수 있었던 건 서두르지 않았기 때문인 것 같다. 급해지면 지는 것이다. 뭐든 시간이 필요하다. 모두가 열심히, 최선을 다해 목표나 꿈을 이루면 좋겠지만 쉬운 일이 아니다. 그렇게 흔들릴 때 다시 뛸 수 있도록 이끌어 줄 리더가 필요하다. 사원들의 지속적인 성장을 위한 목표의 재정비와 대화가 필요하다는 것을 다시 한번 느낀다.

물소리가 멈추고 지저귀는 새들의 집 앞, 오르막을 지나 급경사의 돌계단을 오르기 시작했다. 장구목이 임도 지점에 도착하자 정상까지 1.6km 남았다는 표지판이 보였다. 삐뚤빼뚤하지만 흔들림 없이 단단한 돌계단에서 문득, 산을 이루고 있는 것은 오직 하나일 수 없다는 생각이 들었다. 흙이 없으면 나무가 자랄 수 없고 물이 흐르지 않으면 나무에 영양을 줄 수 없다. 나무가 없으면 토양이 무너지고 바위와 돌이 없으면 비바람에 쓸려 없어진다. 우리 삶도 혼자 사는 것이 아니며 성과 또한 혼자만의 것이 아니다. 지금 걷고 있는 단단한 돌계단처럼 직원들이 탄탄하게 성장의 계단을 오를 수 있도록 나부터 자료 조사도, 공부도, 교육도 더 열심히 하겠다고 다

짐해본다. 또 더 나은 과정과 결과를 만들기 위해 혼자만이 아닌 지점장, 팀장, 매니저, 실장, 선배님들과 협업해 '함께' 만들어가자고 독려할 것이다.

돌계단 위에 여기저기 긁힌 상처가 보였다. 등산 스틱으로 생긴 상처다. 산은 길을 내어주고 돌은 디디고 걸을 수 있게 해주었는데, 여기저기 사람이 낸 상처를 보며 마음이 불편해진다. 내가 스틱을 사용하지 않는 이유이기도 하다. 계속해서 오르다 보니 '주목'이라는 나무가 보였다. 앞모습은 거대하고 당당하며 나뭇가지에는 새파란 잎들이 하늘에 드넓게 피어있는데 뒤를 보니 속이 텅 비어있었다. 살신성인의 마음인가. 모든 것을 내주고 본인은 화려한 모습을 갖지 못하더라도 그 대신 드러내고 피워내는 이들은 잘 되길 바라는 '희생애'를 느낀다. 리더라고 멋진 것만을 추구할 필요는 없다. 멋진 옷, 멋진 차, 멋진 시계 등등. 본부장이라고 무조건 멋져야 한다는 생각을 비운다. 내가 아니라 나와 함께 하는 직원들이 더 멋지도록 만들어주는 희생이 필요하다. 영업부 가족들이 잘 되어서 웃는 걸 보면 기분이 참 좋다. 내가 웃는 것보다 더 즐겁고 행복하다. 누가 차를 바꾸면 내 차를 바꾼 것처럼 기분이 들뜬다. 예쁜 옷을 입고 오면 내가 새 옷을 입은 듯 마음이 깨끗해진다. 궁극적인 목표는 함께 일하는 사람들이 경제적 자유를 누리게 하는 것이지만, 그것에 앞서 일이 아닌 '성장의 즐거움을 찾는 하루'를 만들어주는 것이 내 첫 번째 의무이자 목표다.

다시 진격의 계단을 20분쯤 오르니 정상 삼거리가 나오고 이제 정상까지 0.2km. 정상에 가까워질수록 손대면 닿을 듯한 구름이 보였다. 드디어 가리왕산 정상에 도착했다. 고개를 드는 순간 눈 앞에 펼쳐진 비경에 벌어진 입을 다물지 못했다. 꼭 한번 보고 싶었던 자연의 선물인 '운해'다. 운해는 하얀 옷을 입고 산 위에서 춤추듯 산을 바다로 만들어 버렸다. 상상도 못한 감사와 축복이었다. 하지만 마냥 멋있게 보이던 운해가 점점 커지고 넓어지기 시작하자 바람과 함께 내 쪽으로 밀려와 나를 덮어버릴까 무서운 느낌이 들었다. 일단 5월 본부 응원 플래카드를 꺼내 사진을 찍은 뒤 사원들에게 사진과 영상을 보내고 서둘러 하산 준비를 했다. 겁이 나 서둘러 내려오긴 했지만 좀 더 보고 올 걸 하는 아쉬움이 몰려왔다.

하산하는 길에 큰 바위 위로 높게 솟은 나무뿌리를 이끼가 덮고 있었다. 흙이 없는 곳에서 어떻게 자라고 저렇게 클 수 있었을까? 서로 상생하는 모습에 '함께'라는 이름이 얼마나 위대한 것인지 느낀다. 회사에도 대구, 부산, 전라도 등 먼 곳에서 이사 온 사원들이 있는데 친구나 지인 하나 없는 곳에서 영업한다는 것이 얼마나 힘들고 어려웠을까? 영업이란 것이 근로 형태의 일이 아닌 개인사업이라 마음의 허전함이나 힘듦이 오래가지 않도록 더 신경 쓰고 더 챙겨줘야겠다. 땅과 떨어져 있는 나무가 바위 밑 땅속으로 뿌리를 내리기까지의 고통을 이해하고 분담하는 리더가 되고자 다짐한다.

올라오던 길에 보았던 폭포를 다시 마주쳤다. 위에서 내려오는 폭포의 물줄기와 다시 아래로 내려가는 폭포에 물의 양은 같을까? 한줄기로 내려와 여러 줄기로 나뉘어 흐르는 계곡을 보며, 사회, 가족, 회사에서 '우리는 하나'라고 말하지만 같은 시간 속에서도 모두 다른 상황을 대하고 있다는 것을 깨닫는다. 삶은 절대로 혼자서는 살아갈 수 없다. 우린 모두 사람과 사람 간의 관계 속에서 살고 있다. 그런데 관계의 시작과 좋은 관계, 그 관계를 잘 유지한다는 것의 정의는 무얼까?

한 사람을 향한 사랑이나 함께하는 이들에게 관심이 생길 때면 궁금함이 생기고 질문으로 이어진다. 시작은 긍정적이다. 하지만 함께하는 시간이 길어지면서 좋은 점들은 조금씩 다르게 보이고 생각의 차이가 발생하며 감정 충돌이 일어난다. 살아온 과정과 환경, 문제에 대한 인식이 다르기 때문이다. 살면서 받아온 억압이나 제어, 차단의 정도에 따라 각자 반응이 다르게 나타난다. 근데 이런 상대방의 반응은 내가 통제할 수 없다. 인정하거나 밀어낼 수밖에 없다. 관계에서 무엇보다 중요한 것은 자존감이다. 그게 있어야 누구에게나 멋지고 만나고 싶은 사람이 될 수 있고, 상대를 포용할 수 있는 사람이 될 수 있다. 나를 안아주지 못하는 사람은 남도 안을 수 없는 법이다. 자존감이 없어도 관계는 유지할 수 있지만, 지속은 어렵다.

한줄기 물이 흘러 둘로, 셋으로, 그 이상으로 나뉜 것처럼 각자가 세상을 각각 다르게 보는 것이 아닌, 리더로서 다른 이들에게 내 것을 나누고 이끌어 그들과 한줄기로 만나 모두 즐거운 가정과 사회생활을 하는 모습을 상상해 본다. 가정에서의 행복이 회사에서의 행복으로 이어질 수도, 회사에서의 행복과 즐거움이 가정에서의 행복과 즐거움으로 이어질 수 있다고 믿는다. 나와 함께 일하는 사원들이 회사에서의 즐거움과 행복으로 인해 가정에서의 행복이 더 커질 수 있도록 노력할 것이다.

1시간 넘게 내려가다 보니 주차장까지 1.2km 남았다는 표지판이 보였다. 이렇게까지 많이 올라온 것 같진 않았는데, 내려가는 길이 다른 산보다 두 배는 더 길게 느껴지는 이유를 찾았다. 양쪽에 비슷하게 난 나무들, 이끼가 덮인 돌과 길의 폭이 동일해서 쭉 같은 길을 걷는 기분이었다. 그렇게 2시간을 내려와 하산을 완료했다. 이번 산행에서는 사람과의 관계를 맺어가는 과정에서의 깨달음을 얻었다. 수많은 관계 속에 놓여 있는 나를 돌아보며, 더 나은 상대방이 되고자 마음먹게 해준 산과 자연에 감사한다.

황매산

그 고독한 내 모습을 생각하며
나는 혼자서 독배로 자축을 했다.

나는 항상 나를 향하여
끝없이 방황하는 고독의 되풀이.

문병란의 詩, 〈고독〉 중에서

黃梅山
해발 1113.1m

5월 1일은 근로자의 날이라 많은 직장인들이 쉬는 날이었지만 우리 본부에는 26명이나 출근 도장을 찍었다. 4월 마지막 조회 시간에 근로자의 날에 커피숍이나 음식점 등 상가가 문을 닫는지 물었다. 모두 아니라고 답했다. “우리는 근로자인가, 사업자인가” 하고 묻자 모두들 사업자라고 했다. ‘그럼 우리 사장님들 출근하시겠네요’ 하며 프로모션을 걸었다. 선착순 8명에게 서큘레이터를 지급하고 출근 시 삼겹살 점심을 약속했다. 이런 과정을 거쳐 5월 실적을 대비할 수 있었고 예상은 적중했다. 첫 주 매출은 전국 12등, 상위 10%로 선방했다.

조금은 가벼운 마음으로 등반할 산을 찾다 황매산의 한 코스를 보

고 그곳에 오르기로 결정했다. 산이 정해지면 늘 설렌다. 그런데 지난주 등반으로 다리에 알이 많이 배어 매일 걷고 주무르고를 반복했다. 3일 연휴에 맞춰 등반을 준비하는데, 주말에 비가 온다고 하니 정상이 아닌 다리 상태가 걱정되어 이내 신경이 예민해졌다.

한 걸음 더 나아가기 위해 **지불해야 할 것들**

토요일 정오, 집에서 260km 떨어진 경상남도 합천으로 출발했다. 연휴로 나들이객이 많아 차가 너무 막혔다. 5시간 걸려 도착한 합천의 한 편의점에서 도시락 두 개와 순대를 사서 숙소에 도착했다. 외관은 굉장히 낡아 보였는데 내부는 깔끔했다. 8시에 잠자리에 들어야 새벽 산행을 할 수 있으니 이른 저녁 식사를 하고 누웠다.

새벽 1시 40분쯤에 일어나 도시락을 먹고 나오니 예보대로 비바람이 세찼다. 하지만 비가 오나 눈이 오나 산으로 떠나는 시간은 언제나 설렌다. 덕만 주차장에 차를 세우고 우비를 챙겨 입고 3시경 등반을 시작했다. 10분을 걸어 등산로 입구에 도착해 등산로를 확

인하는데 원하던 코스가 아니었다. 다시 내려가 모산재 주차장으로 이동해 본격적인 산행을 시작했다.

얼마간 걸어가자 플래시에 비치는 엄청난 크기의 나무들이 보인다. 내려올 때 제대로 보기로 하고 다시 걷는데 어두운 시간에 오르면 어김없이 생기는 문제, 등산로를 못 찾겠다. 영암사 주변을 비추며 이리저리 돌아보는데 거대한 불상이 보였다. 그 장대함에 '우와' 하는 감탄사가 절로 나왔다. 어둠 속에서 진리를 찾듯 그렇게 내 길 찾기로 10분을 헤맨 끝에 계단으로 이어진 길을 찾았다. 그래, 이제 진짜 시작이다!

30분쯤 오르니 엄청나게 큰 바위 계단에 로프가 군데군데 있다. '쿵쾅쿵쾅' 심장이 뛰었다. 숨이 차서가 아니라, 처음 시도해 보는 로프를 이용해 올라야 한다는 데서 오는 긴장감에서다. 한걸음에 오를 수 없는 바위에 등산객들을 위해 만들어 놓은 로프를 장갑 없이 맨손으로 잡고 올랐다. 새벽 시간에 비바람도 몰아치니 손은 금세 얼음장이 된다.

동이 트기 시작했다. 오르는 길에 보니 엄청나게 큰 바위 위에 철쭉 한 그루가 꽃을 피우고 있었다. 참 신기했다. 외로이 핀 꽃에서 고독을 보게 된다. 고독은 외로움이 아닌 '수많은 나'와 마주하는 축복의 시간이다. 나와 마주 앉으면 놓치거나 보지 못한 것을 볼 수 있고 그 덕분에 성장한다. 지금의 나를 보는 고독의 시간은 타인과

함께하는 시간보다 귀하다. 자신의 현재와 미래에 대해 진지하게 생각하고, '들여다보는' 시간은 무엇과도 바꿀 수 없이 소중하다. 그렇다. 진정한 나를 만들어가는 시간은 내 안에 있다. 관계에 지칠 때면 혼자만의 시간으로 상처를 치유해 왔다. 세상에 떠밀려 혼자가 되면 외롭겠지만, 스스로 밀어내 혼자가 되면 외롭지 않다. 나에게 고독은 삶의 질을 끌어올리는 위대한 시간이었다. 사원들에게도 고독의 위대함에 대해 자주 말한다. 관련 영상도 함께 본다. 문제의 원인을 내 안에서 찾으라고 강조한다. 스스로 자주 질문하고 내 안에서 답을 찾으라고 한다. 영업하는 사람들은 외로운 경우가 많은데 그렇기 때문에 자발적으로 고독의 시간을 가져야 한다고 역설했다.

올라가는 내내 이리저리 헤매고 여기저기 오르고 내리고를 반복한다. 조금 가다 길이 잘 보이지 않으면 '이 길이 아니구나' 싶어 내려오는데 몇 번이고 처음 갔던 길이 맞는다는 것을 알게 된다. 내 성급한 성격 때문에 벌어지는 일이다. 일도 그렇다. 무작정 잘하고 싶은 욕심에 실수하거나 섣부른 판단을 하게 된다. 어떤 일이건 선택하기 전, 과정을 충분히 이해하는 것이 필요하겠다는 생각을 했다.

암릉 위 순결바위에 당도했다. 어떻게 이 큰 바위가 둘로 쪼개져서 마주 보고 있는 걸까? 작은 돌이야 그렇다고 해도 이건 천둥 번개가 아니면 일어날 수 없을 것만 같았다. 표지판에 있는 바위에 관한 글을 읽는데 그 의미가 눈에 들어오지 않았다. 아직도 주변은 어두웠고 험한 산길에 대한 두려운 마음이 더 컸다. 날이 조금 더 밝았더라면 감상이 달랐을 텐데, 바라보는 마음이 더 중요하지만 인간은 처해진 환경에서 벗어나기가 힘든 것 같다.

모산재로 향하는 광활한 암릉을 오르기 전, 보이지 않는 급경사에 불안하고 무서워 다른 길이 있는지 찾았지만 아래로는 길이 없었다. 할 수 없이 조금 더 올랐는데, 강풍에 몸이 휘청거렸다. 어느 쪽이든 넘어지면 낭떠러지였다. 걸을 수 없다면 기어서라도 내려가자는 마음으로 바닥을 잡고 기어 내려갔다. 강풍과 절벽이라는 난관을 뚫고 암릉의 경사를 올랐다. 곧 산의 능선 같은 평지가 나오고 옆으로 조금 더 걸으니 등산로 표지판이 보였다. 잠에서 깬 새들의 지저귐도 들렸다. 이렇듯 두려움과 기쁨은 공존한다. 문득 '선택'이

란 단어가 떠올랐다. 어떤 일이든 선택을 해야 하고, 선택에는 두려움이 따른다. 결과를 알 수 없기에 기쁨의 크기가 두려움의 크기에 비례하는 것일까? 기쁨은 그냥 오는 것이 아니다. 고난과 역경을 이겨냈을 때 존재하는 것이다.

다시 엄청난 높이의 암릉을 로프를 잡고 올랐다. 그렇게 2시간을 올라 모산재에 도착했다. '높은 산의 고개'라는 뜻의 '재'라는 글자가 실감이 갔다. 이런 것을 모르고 왔어도 모산재의 비경에 감탄했겠지만, 내용을 알고 오르니 느낌과 감동이 달랐다. 회사에서 교육을 하거나 프로그램을 진행할 때도 이와 같다. 제대로 알아야 한다. 그래서 미리 공부해야 한다. 책도 그렇고 산도 그렇다. 책과 산은 나에게 결과에 집중하기보다 과정을 들여다볼 수 있게 해주었다. 이런 깨달음으로 새롭게 시작되는 프로그램에 충분한 커뮤니케이션으로 필요성과 불편함을 이해시키고 그것으로부터 결과물을 인지시켜주자 함께 일하는 사람들도 달라졌다. 아는 만큼 보이는 법이다. 내가 아는 것은 중요하지 않다. 그들이 아는 것이 중요하다.

해야 하는 이유

하면 좋은 이유

하지 않았을 경우 어떤 일이 일어나는가?

불편함과 성장

프로그램 홍보는 단체로 진행하지만 사전협의는 개별 면담을 통해 이해의 시간을 갖고 하니 참여자의 태도와 교육의 질, 참여도와 의지가 크게 달라졌다. 프로그램 종료 후에도 이전과 다른 성과를 내며 성장했다. 그때 자주 말했던 것이 '불편함의 양면성'이다. 스스로 불편해야 한다. 불편함의 다른 말은 '나아짐'이다. 늘 똑같은 생각과 행동으로 나아짐을 기대하는 것은 미친 짓이다. "행복은 불편한 습관을 더 많이 가진 자가 갖는 이름이다"라고 말하고 이를 이해시키는 시간을 많이 가졌다.

안으로도 밖으로도 제일 중요한 것은 나 자신이다

그렇게 도착한 모산재에는 이미 다른 코스에서 올라온 여섯 사람 정도가 모여 있었다. 내가 올라오니 다들 나만 보는 것 같았다. 왜 나만 보는 것일까? 인증샷을 찍으려는데 혼자 찍으려니 어둠 속에 내리는 비와 안개로 사진이 나오지 않아 근처에 있는 부부에게 촬영을 부탁했다. 사진이 잘 나왔나 확인하는 순간, 사람들이 왜 나를 그렇게 쳐다봤는지 알았다. 비가 내려 서둘러 아내가 가방에 넣어둔 우비를 입고 왔는데 이건 마치 공사 현장의 안전요원 아니면 비 오는 날 경찰이 입는, 머리부터 발목까지 내려오는 화려한 '형광색' 우비였다. 계란 노른자가 걸어 다니니 그들에게는 신기할 따름이었다. 그래도 괜찮다. 다른 사람의 시선보다 중요

한 것이 스스로를 보는 모습이다. 타인이 보는 것에 집중하면 자신감은 낮아지고 외부를 신경 쓰다 보면 정말 필요한 것을 놓치기 일쑤다. 내면에 집중해야 확실한 캐릭터를 만들어낼 수 있다. 자존감은 결국 내면에서 시작되고, 그 자존감이 외부로 나가 좋은 영향으로 돌아온다. 안으로도 밖으로도 중요한 것은 나 자신이다.

마음을 가다듬고 다시 정상을 향해 걸음을 옮겼다. 30분을 걸으니 군데군데 철쭉이 보이기 시작하고 군락지가 가까워졌음을 느꼈다. 양쪽으로 나의 키보다 더 큰 3군락지를 걷다 문득 뒤를 돌아보니 '우와' 우리 딸이 좋아하는 솜사탕이 둥실둥실 산을 수놓고 있었다. 예쁜 것을 보니, 가족과 더불어 함께하는 사람들의 면면이 떠올랐다. 함께한다는 것에 감사함을 느끼는 요즘이다. 이번 분기에 지점장 2명과 부본부장 1명이 승격했다. 최근에 자주 쓰는 말이 Align(나란하다)이다. 한 곳을 바라보고 함께 몰입해 꿈에 다가가는 시간이 행복하다. 홀로 피어있는 꽃보다 군락을 지어 함께 피고 지는 것이 더 멋스럽다. 한 송이 핀 꽃은 '예쁘다' 말하고, 여럿이 핀 꽃은 '풍경이 좋다' 말한다. 직원들과 나는 하나의 풍경이고 싶다.

앗! 산에서 고래를 보았다. 나만 본 것일까? 수많은 사람이 지나는 철쭉 군락지 중앙에 살며시 고개를 들고 숨을 뿜는 바위가 떡하니 자리하고 있다. 인터넷에 황매산 고래바위를 검색해 보니 나오지 않았다. 자주 산을 올라서일까? 최근 보이지 않던 것들이 보이고 보던 것들도 다르게 보일 때가 종종 있다. 나에게 집중하는 시간이 많아질수록 상상하지 못한 변화들이 일어나고 있는 듯하다. '자세히 보아야 예쁘다'라는 말처럼 정해진 답을 찾기보다 스스로 의미를 부여해 만들어내는 것도 방법이란 생각이 든다.

능선을 따라 정상으로 향하는 길에는 불어오는 비바람에 고개를 들 수 없었다. 노란 우비를 입은 나는 빗물과 콧물이 섞여 계란프라이가 되어 걷고 있는 듯했다. 곧 천국의 계단이 보였고 정상이 코앞이었다. 명칭은 천국의 계단이지만, 천국이 아니라 그야말로 진격의 계단이다. 언제나 산은 생각과 다르다. 예측도, 꾸밈도 없어 좋다. 안다는 것과 이해한다는 것이 의미 없음을 다시 한 번 깨우친다. 나무 계단 끝엔 바위 계단이 이어졌고, 6시 40분 드디어 황매산 정상에 도착했다. 몸이 휘청거릴 정도로 바람이 불었다. 정상에는 철쭉 축제를 보러 온 사람들이 많아 얼른 사진 한 장을 남기고 자리를 비워드렸다. 내려가는 길 핑크로 물든 산에 노란 꽃들이 보이니 그리 귀여울 수가 없었다.

능선을 따라 폭포가 흐르듯 내리던 안개구름이 주차장이 보일 때쯤 하늘 위로 사라져 시야가 선명해졌다. 그런데 주차장을 보고 나니 뭔가 찝찝하다. 하산한 지 50분 정도밖에 되지 않았는데 벌써 주차장에 도착했다고? 그러고 보니 내려왔던 길이 내가 주차하고 올라온 길이 아닌 것 같았다. 그래도 올라갈 때랑 내려올 때의 풍경은 다르겠지 하는 마음으로 서둘러 주차장으로 발걸음을 옮겼다.

안 좋은 느낌은 언제나 들어맞았다. 출발점이 아니었다. 확실히 모르면서 어설프게 아는 것을 확신하는 것, 아직도 '척'을 놓지 못하고 있는 나 스스로를 꾸중했다. 도무지 길을 알 수 없어 내비게이션으로 확인하니 아차, 내가 주차한 곳까지 가려면 26km를 더 가야 했다. 산 반대편인 것이다. 다시 산을 넘는 것은 무리라고 판단하고 내비게이션이 가리키는 길은 내리막이니 26km를 걸어보자고 생각했다. 경사를 20분 정도 내려가다 이건 아닌 것 같아서 뒤돌아 다시 올랐다. 40분을 오르니 황매산 근처 캠핑장 매점이 보였다. 춥고, 힘들고, 허기져 우선 뭐라도 좀 먹고자 매점에 들어갔다.

라면 하나를 사고 사장님께 물어보니 2~3시간을 다시 넘어야 한단다. 못 걷겠다. 방금 전에 급경사를 올라와 다리가 말이 아니었다. 다행히 택시를 부를 수 있다고 해서 감사하다고 말씀드리니 직접 불러주시고 라면에 물을 부어주셨다. 매점 밖에 서서 비를 맞으며 라면을 먹는데 사장님께서 깍두기를 내주신다. 정말 꿀맛 같았다. 라면을 먹고 택시를 기다리는데 따뜻한 커피까지 챙겨주신다. 그렇게 나는 택시를 타고 구부정한 길을 50분 돌아 내 차가 있는 주차장에 도착했다. 하산을 택시로 한 것이 마음에 걸리지만, 그래도 26km를 더 걸어가는 선택은 피하는 것이 상책이었다.

이번 산행에서는 고독의 양면성과 내면을 마주하며 자존감을 높이고, 그 자존감은 다시 '좋은 영향력'으로 돌아온다는 것을 깨닫는 계기가 되었다. 또 수많은 선택에 앞서 과정을 이해해야 더 좋은 결과를 얻을 수 있다는 것도 알게 되었다. 황매산에 들어선 첫 걸음은 고독과 함께했지만, 그 고독이 나를 성장케 했고 나를 되돌아보게 하는 계기를 주었다. 매번 산행을 할 때마다 더욱 사람다워짐을 느끼게 한다. 이러니 산과 자연에 깊은 감사를 할 수밖에.

집으로 돌아가는 길에 수많은 등산객과 산악회 차량과 마주한다. 시간이 지나면 누군가와 함께 산을 걷고 있을 마음 넓은 내가 되어 있을까? 아직은 혼자인 산행에서 배울 것이 많지만 언젠가 가족, 지인, 직원들과 함께 산을 오르며 서로의 생각을 공유하고 산의 위대함을 느끼게 해주고픈 마음이다. 아, 그리고 내 양쪽 다리를 살려준 황매산 미리내 마트 매점사장님께 감사 인사를 전한다.

계방산

나의 길은 언제나 새로운 길
오늘도⋯ 내일도⋯

내를 건너서 숲으로
고개를 넘어서 마을로

윤동주의 詩, 〈새로운 길〉 중

桂芳山
해발1577m

변화로 이끈 산행,
그리고 성숙

화요일이다. 이번 주 오를 산을 찾았다. 평창과 홍천에 걸쳐 있는 해발 1,577m의 계방산이다. 이제 내 몸은 등산에 완전히 적응했다. 등산 후 다리 알 배김도 피로도 덜하다. 일상에서 생기는 문제도 잘 해결하고 있고 본부 운영(매출/리크루팅)도 큰 문제 없이 잘 진행된다. 이달 지원한 사원은 10명으로 본부장 4년 만에 첫 두 자릿수를 찍었다. 그야말로 경사다. 지난달 단 1명만 지원한 것에 비하면 괄목할 만한 성장이다. 그때 만약 좌절감에만 빠져 있었다면, 이달에도 아마 죽쑤고 있었을 테다. 평가라는 꼬리표가 따라붙는 위치, 그것에만 얽매여 패배자처럼 앉아 있을 수만은 없었다. 과정의 문제를 파악하고 재정비를 통해 일어섰다.

때때로 좌절감이 찾아온다. 좌절감은 실망에서 비롯되고 실망은 기대의 배반이다. 문제는 기대다. 기대가 없으면 후회나 좌절도 없다. 또 사람들은 기대만큼 노력에도 큰 의미를 둔다. 그런데 모든 일에 있어서 많이 했고 적게 했고가 근본적인 문제가 되지는 않는다. 오히려 노력보다는 방법이 중요하다. 그저 기대하고 노력한다고 잘 되는 건 없다. 무조건 사랑한다고 상대방이 OK 하는가? 최선을 다하면 회사에서 알아주는가? 방법이 중요하다. 이왕 할 거면 작정하고 방법을 찾아야 한다. 원하는 게 있으면 최적의 방법부터 찾아야 한다.

나는 급한 성격에 화도 자주 내며 승패에 집착하는 삶을 살아왔다. 책과 산을 만나지 못했다면 지금쯤 내 방은 중환자실이겠구나 싶다. 다행히 책과 산은 나에게 육체의 건강을 넘어 정신적 건강을 선사했다. 그게 이제는 겉으로 드러난다. 언제나 즐겁고 긍정적이다. 가족과 직원들에게 화는 없고 이해와 즐거움이 있다. 내게 일어난 변화 덕분에 주변 사람들이 운동을 시작했고, 긍정과 성장은 전염되기 시작했다. 그 시작은 북클럽이었다.

요즘 내 마음에는 이해의 강이 흐르고 있다. 배가 흔들리는 것은 나의 강이 고요하지 못해서다. 고요하면 비로소 멈춘다. 오늘도 내일도 나는 고요의 강을 넓혀 가는 시간 속에 있을 것이다.

목요일에는 지난달 성과를 낸 직원들과 함께한 캠핑에서 닭싸움을 하다 사고가 났다. 상대방의 무릎에 가슴을 맞고 콘크리트로 나가떨어졌다. 허리와 꼬리뼈가 나갔다. 잠은커녕 엎드린 자세가 통증을 덜어주는 게 그나마 다행이다. 그런데 문제는 통증이 아니었다. 다친 몸으로 산에 갈 수 있는지가 관건이었다. 골절은 아니라고 하니, 아파도 산에 가자고 마음먹었다. 아픈 건 아픈 대로 추스르고, 가고픈 건 가고픈 대로 준비했다.

누군가 나에게 그렇게 해서라도 산에 가야 하나 물을 수도 있지만, 나에게도 나름의 이유는 있다. 삶이 영원하지 않다는 걸 자주 느끼기 때문이다. 오늘이 그랬고 내일도 그럴 것이다. 입사 후 인상보다 인성이 좋아지던 어느 날, 감사함이라는 것이 나에게 찾아왔고 나는 그것을 표현하기 시작했다. 차에 타고 내릴 때면 '오늘도 잘 부탁해', '사고 없이 도착하게 해줘서 고마워'라며 핸들에 키스한다. 그리고 모든 것에 감사했다. 삶이 끝나 하늘로 올라갈 때 나를 보며 '애썼어, 수고했어, 멋지다'라고 말하고 싶다. 다음은 없다. 이게 내 삶의 철학이 되었다. 다음이 없기에 매일 최선의 삶을 살고자 하는 것이다.

금요일 퇴근 후 다음 날 산행을 위해 서둘러 잠을 청했다. 눈은 감았지만 쉽게 잠들지 못했다. 어릴 적 소풍 가던 때와 같은 마음일까? 산을 오르는 사람들은 내가 어떤 기분일지 알 수 있을 것이다.

새벽 2시에 기상해서 간단한 식사를 마치고 200km 거리의 목적지로 출발해 5시쯤 주차장에 도착했다. 표지판을 보고 산행을 시작하는데, 오르는 길이 뭔가 이상했다. 계곡을 사이에 두고 올라온 길을 돌아가는 코스다. 돌아가서는 오르는 건가 했지만, 다시 주차장으로 컴백. 얼른 표지판을 확인했는데 등산로가 아니라 산책로였다. 이번에도 내 성급한 성미가 애먼 길로 안내했던 것이다. 그렇게 30분을 허비하고 등산로 입구에 들어섰다. 계속해서 계곡을 따라왔는데 그제야 물소리가 들리기 시작했다. 내 관심이 온통 길 찾기에 쏠려 있었으니 물소리를 놓친 것은 어쩌면 당연한 일이었다.

1시간 20분쯤 올라가니 정상 1.7km라는 표지판이 보인다. 영화를 3분의 2쯤 보면 결말이 예상되는 것과는 달리, 산에서는 예측을 함부로 하면 안 된다. 여태 걸어온 길보다 힘들 수도 있다. 또 예측은 생각과 다르다. 대부분 빗나가기 일쑤다. 가령 본부 교육에서 다음 달을 준비하는데 예상 계수가 아닌, 예정 계수를 작성해 제출을 부탁한다. 예상은 기대한 '상상'이고, 예정은 '정해진 것'을 그대로 옮기는 것이라 말한다. 물론 예정한다고 다 되는 건 아니지만 예상으로 말했던 시간보다 확률은 훨씬 높아진다. 잘 알지도 준비도 하지 않고 그저 '되겠지' 하면 안 된다.

계곡으로 올라와서 그런지 크게 덥지는 않았다. 계곡의 흐르는 물소리는 굴곡과 높이에 따라 다르다. 자연의 소리는 내게 빽빽하게 살지 말라 하는 듯하다. 마음이 넓다는 것은 여러 소리(의견)를 계곡처럼 나누어 듣지 않는 것과 같다. 듣기 좋은 소리만 혹은 듣기 싫은 소리만 들어도 소통은 차단되고 관계는 끊긴다. 긍정이건 부정이건 편향되면 오래 못 간다. 달고 쓰고도 그렇다. 달아서 좋은 것도 써서 좋은 것도 있다. 잣대가 사라지는 순간 본질에 가까워진다. 관계와 소통은 들림보다 들음에 있다는 것을 다시금 생각했다.

필하모니가 초청된 폭포에, 떨어지는 물만이 아닌 물방울이 튀는 것조차 같음을 보며 일관성이 주는 아름다움과 안정감을 느꼈다. 미련 없이 떨어지는 폭포를 바라보며 이제껏 남아 있던 나의 미련도 함께 떠나보냈다.

불과 네다섯 걸음에 소리가 희미해지고 몇 발자국 더 오르니 흐르는 물조차 없다. 요란하던 수도꼭지를 누가 잠갔을까? 참으로 묘하다. 자연의 신비는 보이지 않기에 더 큰 것인가. 나무 사이로 새어드는 빛과 새들의 대화가 참 맑다. 햇빛과 동반해 등산한 지 좀 되어서일까? 느낌이 너무 좋았다. 며칠 전 사원들과 닭싸움에 나가버린 허리와 꼬리 통증은 어디 가고 없다. 정신력은 이미 뼈까지 전이됐다. 육체적 건강이 정신적 건강을 잡아주는 게 첫 단계라면, 정신이 다시 육체를 지배하는 것이 그다음이다. 우주에 내가 있는 게 아니라 마치 내 안에 우주가 있는 느낌이다.

세상에 쉬운 산은 없다. 가파른 오르막에 심장은 요동친다. 높이 오르거나 좋은 것을 가지려면 그만한 대가가 필요하다. 걸음을 멈추면 차던 숨도 멈춘다. 어렵고 힘들다고 멈추면 거기서 끝이다. 고난과 역경은 성장과 성공으로 가는 최소한의 차비다. 큰돈이 들지 않음에도 지불을 거절하는 사람들을 자주 본다. 잃는 게 얻는 거다. 우리에게 축적돼 있는 엄청난 양의 돈이 바로 노력하는 시간이다. 그 시간을 써서 없애야 한다. 그래야 더 잘 벌고 잘 쓸 수 있는 시간이 온다. 처음으로 올라온 길을 돌아봤다. 지불해야 얻는다는 것을 깨달으며, 무엇에 더 써야 할지 떠올려 본다.

스물넷에 입사해 경제력이 없던 나는 신용카드조차 5개월 만에 막혔다. 당시에는 입사한 지 1년이 되면 회사에서 금배지를 주었는데 집으로 가는 길, 차비가 부족해 금은방에 들어가 배지를 돈으로 바꾸었다. 하지만 성공을 의심해 본 적은 없었다. 어려울 걸 알고 시작해서다. 어떤 분야에서 성공한 사람들을 전문가라 부르니, 남들보다 많이 알면 1등이 된다고 믿었고 미친 듯이 공부했다. 무에서 유를 만들어가는 창조의 시간은 한근태 저자가 『인생은 역설의 역설이다』에서 말한 "부족에서 시작되는 개발과 창조는 풍요로움에서 시작되는 결핍보다 낫다"라는 내용과 일맥상통한다. 격하게 공감했다. 부족이 최고의 무기라는 것을 깨달았다. 부족을 발견할 때면 그것이 줄 선물을 기대하며 기꺼이 채우겠다고 다짐했었다.

드디어 능선에 올랐다. 한 고개 넘으면 정상인데 문제가 생겼다. 일월산 늑대개가 따라온 것이다. 늑대개는 나를 보며 짖어댔고, 그 위협적인 소리는 고요한 산에 쩌렁쩌렁 울려댔다. 나는 뒷걸음치며 안전한 곳을 찾았다. 능선이라 올라탈 수 있는 나무도 몇 없었다. 양손에 돌을 들고 있기를 15분. 내 눈과 귀는 온통 그놈을 향해있다. 목이 아플 때도 되었는데 하며 떠나기를 기다렸다. 20분이 지

나서야 조용해졌지만 집에 간 건지, 달려들려고 기다리는 건지 알 수 없어 일단 살고 보자는 마음으로 용기 내어 달렸다. 드디어 정상에 도착. 심장이 터질 것 같았다. 물 한 모금 마시기도 전에 그놈이 오면 피할 곳부터 물색했다. 이미 정상은 그 의미를 잃었다. 한 장 남긴 사진에는 양손에 돌이 들려있다. 정상에서 5분도 채 머물지 못하고 하산했다. 아니, 뛰어 내려갔다는 표현을 맞을 것이다. 어서 놈과의 거리를 벌려야 한다는 사명감으로 말이다.

평상시 느끼던 무릎과 발목의 불편함마저 없었다. 닭싸움으로 다친 허리와 꼬리뼈도 두려움 앞에서는 제 기능을 했다. 두려움에 대해 생각해봤다. 살면서 꼭 하나 가져야 할 두려움은 무엇일까? 나에게 있어서는 '나태함'이다. 수 앳킨슨 저자의 『우울의 심리학』에는 "게을러지는 건 우울해지기 위한 최고의 방법이다"라는 글이 있다. 게으름과 나태, 두 단어를 더해본다. 게으름은 나태로 가는 과정이고, 우울해진 결과로 나타나는 건 나태가 아닐까. 게으름, 우울, 나태는 인생 최악의 시나리오다. 인생은 연극이다. 내가 쓰고, 연기하고, 감독도 나다. 즉시 불쾌한 게스트를 퇴출한다.

달리기 시작한 지 20분. 청명한 새소리에 걸음은 차분해졌다. 산을 자주 가다 보니 애인이 생겼다. 보기만 해도 웃음 지어지는 계단이다. 예전에 자의가 아닌 타의로 산을 오를 때, 계단이 그렇게도 싫었다. 왜 이렇게 긴 거냐고 투정했다. 그랬던 계단이 지금은 반갑다. 동물에게는 제한구역 아닐까 하는 생각에서다. 이런 환경과 상황이 내게 알려준 것은 앞도 뒤도 다름없다는 것이다. 처음에 좋던 것이 귀찮아지고, 불편하던 것이 사랑스러워지는 것은 내가 정해둔 관점에서 시작된다. 관점이 판단의 기준이 되어서는 안 된다는 것을 깨닫는다.

가쁜 숨을 돌리며 조금 더 걸어가니, 이제는 집 나갔다 돌아온 그들이 아우성이다. 발목, 종아리, 허리, 꼬리뼈 통증 형제들이다. 늑대개에게 안 물리고 살아 돌아가는 게 어디냐고 스스로 위안을 삼았다. 계곡 근처에 걸터앉아 흐르는 물을 보며 가쁜 마음을 다스렸다. 맑게 흐르는 물을 보니, '윗물이 맑아야 아랫물이 맑다'라는 말이 떠올랐다. 최근 회사 1층에 직원들이 모여 흡연하는 것에 스트레스를 받고 있었다. 보기 안 좋다고 했지만 나아지는 것은 없었다. 비흡연자들과 신입사원들까지 스며들기 시작하는 것에 탄식과 미움만 커졌다. 그런데 내가 바보였다. 정작 자신은 돌아보지 못하고 타인의 변화를 원하고 말하는. 나 먼저 그곳에서의 금연을 약속했다. 문제 하나가 우리 주변의 환경과 문화를 바꾼다. 미꾸라지 한 마리가 흙탕물을 만드는 법인데, 내가 지금 딱! 그 꼴이다. 며칠이 지나 그곳에 직원들은 보이지 않았다. 문제는 언제나 나에게 있다는 것을 각성하며, 리더의 영향은 이끄는 것만이 아니란 것을 되새겼다.

언제나 물소리가 멈추면 마지막은 새들의 구역이고, 새들의 환영을 받으며 이번 등산도 끝났다는 것을 알게 되었다. 산행을 하면서

많은 것이 변했고 또 감사함의 진정한 의미를 깨닫게 되고, 매번 성숙한 인간으로 거듭나는 듯하다. 변화와 성장의 끝은 없다. 오늘도 산에서 나와 대화하고 산과 소통하고, 삶을 고찰하며 조금 더 성숙한 인간으로 거듭났다. 이런 변화를 이끌어 준 산에게 감사한 마음을 전한다.

5시간의 산행을 마치고 집으로 돌아가는 길. 문득 늑대개가 생각나 산에서 찍었던 영상을 봤다. 돌 두 개를 들고 두려움에 떨고 있는 모습이 우습다. 이 영상을 인스타그램에 올렸는데 조회 수가 빠르게 늘고 있다. 집에 와서 계방산에 대해 알아보니 우리나라에서 다섯 번째로 높은 산이라고 한다. 가장 높은 산도 궁금해져 검색해 봤는데, Top5에 이미 다녀온 덕유산이 계방산과 나란히 보이고, 그 위로 Top3가 남아있다. 어쩌다 보니 아래에서 위로 오르고 있다. 뭔가 딱 맞는 기분이다. 설악산, 지리산, 한라산을 차례로 오르고 나면 지금 쓰고 있는 글이 끝날까? 산행을 생각하면 여전히 설레는 마음이다.

태백산

보여줄 수 있는
사랑은 아주 작습니다.
그 뒤에 숨어 있는
보이지 않는 위대함에
견주어 보면.

칼릴 지브란의 짧은 글

장군봉
태백산최고봉
1567m

내려놓음의 **미학**

남한에서 세 번째로 높은 산에 도전해보기로 했다. 해발 1,708m의 설악산이다. 내가 과연 등반에 성공할 수 있을까? 그저 오르고 싶다는 설렘과는 다른 두근거림과 긴장감이 일었다. 산을 정하자 심장은 벌써 산을 오르고 있는지 무척이나 소란스러웠다.

금요일 퇴근 후 강으로 낚시를 갔다. 나는 등린이지만 낚린이기도 하다. 낚시가 시작되고 1시간 정도 흘렀지만, 내 찌는 물속에 뿌리내려 흔들림이 없었다. 마냥 기다리는 것이 아쉬워 그 시간에 물고기가 아닌 나를 잡아 보기로 했다. 고민과 문제점을 나열하고, 왜 문제인지 따져봤다. 공통점을 한 가지 발견하게 된다. 바로 내가 문제라는 것이다. 문제로 볼 것이냐, 실마리로 볼 것이냐의 차이일 뿐

이다. 일어난 문제를 잘 해결하면 전보다 나아진 나를 발견하게 되고, 문제가 없다고 여기면 성장도 멈추는 법이다.

찌를 던져 놓고 강에 비친 산 그림자를 보며 일요일 설악산 산행을 포기하기로 한다. 겁이라기보다는 내려놓음이다. 이제껏 무한경쟁의 삶을 살아오며 얻은 것으로 성장, 승리, 성공이라는 긍정적인 요소도 있지만, '이기심과 자만'이라는 부정적인 면도 무시할 수 없다. 아무리 잘나가도 지치거나 실패할 때가 온다. 다행히 나는 그것들과 이별했다. 자만과 자랑은 더 이상 내 것이 아니다. 언젠가 부회장님이 "승리의 월계관은 금방 시든다는 것을 기억하세요. 미래에 대한 두려움과 자족과 자만을 막아주는 가장 좋은 백신은 목표 설정입니다. 가슴 뛰는 목표를 세우면 두려움도 사라지고 자족과 자만에서 오는 후회도 막아줍니다"라고 말씀하셨다. 나는 이 말에 정신이 번쩍 들었다. 자족과 자만의 백신이라니! 그야말로 몽둥이로 머리를 한 대 맞은 듯한 깨우침이었다. 지난날 이기고 싶은 욕구 때문에 배회하며 패배자처럼 보낸 시간이 길었다. 하지만 이제는 삶 속에 승리와 패배는 없고 새로운 시도와 머묾만이 있다는 것을 알았다. 발전하고 성장하고 나아진다는 것은, 더 새로운 것을 찾는다는 것임을 다시 한번 가슴에 새기게 되었다.

그렇게 내려놓음으로 인해 1,567m의 태백산을 선택했다. 이 선택의 배경에는 머지않아 휴가가 생길 거라는 믿음도 있었다. 계방산의 깨우침이 있던 터라, 방법을 찾으면 마음 편히 떠날 수 있을 것이고 그때 Top3를 오르고 싶었다. 또 설악산, 지리산, 한라산은 그저 오름이 아닌 '종주'하고 싶기도 했다. 설악산 종주는 서북능선이 무박으로 15시간 정도라고 하니 걱정과 설렘, 기대 등 별생각에 마음이 흔들렸다.

때마침 어머니가 몸이 아프셔서 한동안 출근하지 못했던 교수님이 선물을 들고 나를 찾아왔다. 구하기 어렵다는 '국립공원 종'과 함께 편지를 건넸는데, 편지의 내용은 "항상 혼자 이른 새벽에 등산하시면, 가끔 고라니나, 멧돼지를 만나게 될 수 있어요. 가방에 달고 걸으면 동물들이 도망갈 거라는 말과 함께, 응원하며 꼭 함께 등산 가길 바라고 있을게요. 당신의 온전한 한 걸음을 응원합니다"라는 메시지였다. 교수님의 따뜻하고 아름다운 마음에 나는 크게 감동했다. 다만, 한 가지 마음에 걸리는 부분이 있다면 바로 교수님과의 동행이다. 아직은 누군가와 같이 걸으며 대화하는 것에 부담이 있다. 내 자신에 대한 아쉬움과 함께 아집을 느꼈다. 묘한 기분이다. 아쉬운 마음은 있지만 같이 걷는 것은 불편하다? 대체 무엇이 혼자 걸어야 한다는 것을 원칙으로 만든 건지, 그 이유를 생각해 본다. 나는 지금 강가에 홀로 서 있다. 강과 바다가 만나는 곳에서 이기심과 아집 등 많은 것들이 정화되길 바라는 마음에서다. 데이비드 브룩스는 『두 번째 산』이라는 책에서 행복과 기쁨에 대해 "행복은 자신을 위한 승리 또는 자신의 확장과 연관되고, 기쁨은 자신을 초월

하는 어떤 상태와 연관된 것"이라고 말했다. 첫 번째 산이 행복이고 두 번째 산이 기쁨이면 나는 지금 이기심에 쌓아왔던 수많은 것들을 내려놓고, 첫 번째 산에 나를 버리고 내려와 두 번째 산을 오르려 하고 있다. 삶에 가장 가치 있는 것은 의미를 찾는 것이 아니다. 세상에 전해지는 기쁨이라 믿는다.

보이는 것이 **다가 아니다**

일요일 출발이 부담스러워 토요일 오후 210km 떨어져 있는 강원도 태백 숙소로 이동했다. 최근에 사람들이 내가 이른 새벽에 등산하는 걸 보고 무섭지 않느냐는 질문을 자주 한다. "무섭지요"라고 말하면, 어김없이 "근데 왜 그렇게 위험하게 다니세요? 환할 때 다니시지"라고 말한다. 그때마다 모든 걸 말하기 어려워, "괜찮아요"라고 말하지만 사실 새벽 등반에는 나름의 이유가 있다. 어둠 속 보지 못하던 것을 볼 수 있기 때문이다. 새벽은 무아의 세계로 들어가는 시간이다. 어둠 속에서 밝음을 찾아가는 시간이 즐겁다. 또 다른 나를 만날 수 있는 시간이기에 의미가 있기도 하다. 요즘 나는 여러 명의 나를 만나는 중이다. 그들과 대화하고

생각을 물으며, 행동을 지켜보고 가르친다. 어떤 행동을 하는 순간 SOS가 작동된다. Stay, Option, Self다. 멈춤 없이 찰나에 그것을 조절하고, 조율하고, 조정한다.

그렇게 새벽 등반의 낭만을 즐기기 위해 일요일 새벽 2시 40분 기상. 어제 먹다 남긴 밥을 먹고 유일사로 출발했다. 3시 40분쯤 도착하니 차량 3대 정도가 보였다. 어딜 가나 매번 텅 빈 주차장이었기에 반가운 마음이 들었다. 차에서 내려 등반 준비를 하는데 바람이 정말 세찼다. 본격적으로 등산을 시작했는데 초반부터 쉽지 않은 길을 15분쯤 걷자 등산로 입구가 나온다. 표지판엔 천제단 3.4km, 불빛에 비치는 건 70° 정도의 끝없는 경사다. 바람 소리, 새소리조차 들리지 않는다. 적막 속 거친 숨소리뿐. 환할 때 그곳을 걷는 것을 생각하니 아찔했다. 훤히 보이는 경사를 보며 오르는 게 더 힘들 거란 생각에서다. 그렇게 생각하니 힘듦에 위로가 되는 어둠이다. 어중간하게 아는 것보다, 보이지 않는 길처럼 모르는 게 나을 때가 있다. 왜 반복되는 도전에 실패가 많을 수밖에 없었는지 깨닫는다. 잘되면 잘 되어서, 안되면 안 되어서 그것에 도취하거나 상실감에 빠져 있던 시간은 다 버려진 시간이었다. 좋았던, 나빴던, 방법에 대해 고민하고 발전시키지 않았기에 더 나은 결과로 이어지지 않았던 거다. 어지간한 것과 잘 아는 것은 필요 없다. 아예 모른다고 생각하거나, 새롭게 시작한다 생각하고 더 나은 방법을 찾아가는 것이 필요하다. 그때부터 플래시를 아래로 내린다. 앞쪽이 아닌 걷고 있는 발 앞으로. 지금 하고 있는 일들에 대한 지난 과정을 거슬러 떠올려보며 방법을 바꾸지 않고 있던 실패의 지속은 아닌지 자문했다.

40분쯤 걸어가니 완만한 능선이 나왔다. 평소보다 크게 숨을 고르며 걷는다. 곧 시작될 경사를 대비해서다. 마음먹기가 중요하다는 것을 배웠기 때문이다. 생각 없이 걷다 가파른 길을 만나면 그 힘듦은 두 배가 된다. 대비하면 다르다. 피로도를 크게 낮출 수 있다. 사회에서는 프로젝트의 성패가 이것과 같다. 가파름(성과)을 안정적으로 이끌기 위해 능선(매일의 노력)의 걸음이 중요하다는 것이다. 특별한 기회와 행운은 '일상'에서 오는 법이다.

다시 시작된 경사를 지나 표지판과 함께 천국의 계단이 보였다. 천제단 1.7km의 시작이다! 멧돼지가 자주 출몰하는지 멧돼지 대비 요령이 쓰여 있다. 일단 가만히 있고 절대 등을 보이지 말라고 한다. 중요한 건 눈을 마주 보고 피하지 말라고 하는데 그게 되나 싶다. 더 놀라운 건 '흥분한' 멧돼지를 만나면 재빨리 피하란다. 흥분의 여부를 알 수 있을까? 모르겠다. 마주치면 즉시 36계다. 새벽 4시 40분이 지났다. 플래시를 끄고 걸었다. 아직 사위는 어둡지만 동이 트려는지 희미하게 길이 보였다. 난 이 희미함이 좋다. 뭔가

확실한 것보다 낫다. 실제로 발목을 삐거나 다치는 경우도 확실히 보였을 때였다. 지금껏 확실함에 치중한 삶을 살아왔다. 그렇게 살아서 얻은 것이 '까칠'이다. 확실하다는 게 언제나 똑같은 결과를 가져오는 것은 아니었다. 돌아보니 반반이었던 것 같다. 차라리 의심이 드는 게 낫다. 확신은 믿음에서 반응이 사라지는 것이고, 의심은 불신에 대한 지속적인 반응이다. 의심과 확신이 평행선을 달릴 때, 확신보다 나은 결과물이 찾아온다고 생각한다. 긍정에 의심을 지속해야겠다고 생각했다. 적어도 지금껏 해오던, 확신으로 인한 방관은 더 이상 없을 것 같아서다.

5시쯤 일출을 본 것도 아닐 텐데 정상에서 내려오는 사람들이 있었다. 잘못 본 건가 하며 한 번 더 지나치면 무슨 이유로 이렇게 빠르게 오는 건지 물어보려고 생각하는데, 마침 두 사람이 내려왔다.

나 : 저기요 죄송한데 벌써 정상에서 내려오시는 거예요?

등산객 : 네

나 : 근데 지금 내려오시는 분들은 왜 이렇게 일찍 오르시는 거예요?

등산객 : 일출실패!

그렇게 사자성어를 남기고 빠르게 지나갔다. 실망한 듯한 말투에 기분이 별로였지만, 같은 길을 걸어가도 목적이 다를 수 있다는 것을 생각했다. '일하는 사람 모두가 같은 목표라면 얼마나 즐거울까?'라고 생각했던 지난날이 부끄러웠다. 누구나 처해진 상황과 환경, 목표와 꿈이 다를 수 있다는 것을 인정해야 한다. 현실에서는 7이 되었으면 좋겠는데, 3에 머물러 있는 경우가 많다. 외부 상황이 그렇게 만드는 경우도, 혹은 스스로 머무는 경우도 있다. 지속적으로 대화하고 이끌어보지만 잘되지는 않는다. 시간이 필요한 걸까, 아니면 방법이 잘못되었던 걸까… 언제나 나를 괴롭혔던 의문에 대한 최고의 답은 생각을 '묻는 것'이다. 하지만 나는 매번 질문하기보다 당신은 충분히 그렇게(내가 말하는 기준의 성장) 될 수 있다고 말해왔는지 모르겠다. 지금의 생활, 환경, 목표 등에 대해 묻고, 그들의 답에서 방법을 찾아가며 서로의 접점을 끌어올리도록 해야겠다.

국립공원이라 그런지 곳곳에 네모반듯한 나무로 만든 계단이 있다. 돌들 사이사이 디딤이 별거 아닌 것 같아도, 오름에 주는 안정감은 몸이 겪고 있는 고충의 50% 정도는 해소해준다. 마치 경사가 능선처럼 느껴진다. 이런저런 생각을 하며 오르길 1시간 40분. 5시 40분에 태백산 정상인 장군봉에 도착했다. 사진 한 컷을 남기고 우측 능선 너머로 보이는 천제단을 향해 발길을 옮긴다. 능선 길이 참 예뻤다. 밟히는 돌들도 아기자기하고 꽃들도 좋다. 그러고 보니 작년 9월 등산을 시작해 지금껏 황매산 철쭉을 빼고는 꽃을 본 적이 없었다. 덕유산 정상에서 내려올 때 '꽃나무가 없어서는 아닐까' 하고 생각했던 내가 참 모자랐다. 내가 여전히 눈에 보이는 것으로만 판단하고 있다는 것이다. 씨앗을 심고 다음 날 왜 꽃이 피지 않느냐고 떼를 쓰는 것 같다. 사는 게 그렇다. 기다릴 줄 알아야 한다. 꽃을 보려면 꽃이 피는, 눈을 보려면 눈이 내리는 계절을 기다려야 한다. 순간에 피어난 행복도, 성과에 내려지는 보상도 다 때가 있다는 것을 깨우친다.

곧 천제단(하늘에 제사를 지내는 곳)에 도착했다. 다른 곳에서는 보지 못했던 것이다. 눈을 지그시 감고 부모님과 가족, 본부원, 존경하는 분들의 건강을 기원 드리는데 날아갈 듯한 바람이 몸도 마음도 흔들었다. 산 위의 풍경을 눈에 담고 하산을 시작했다. 그러고 보니 이번 등산에는 발목에 통증이 전혀 없었다. 곳곳에 반듯한 나무

덕분에 발이 곧게 디뎌져서 그런지, 아니면 봉숭아처럼 복숭아뼈도 등산화에 익숙해져 물든 건지도 모르겠다.

발바닥에 압박감이 생겼다. 네모반듯한 계단이 끝나서인가 보다 생각했다. 다시 10분 뒤 나무가 밟히니 압박감이 덜했다. 하늘에 닿을 것 같은 2~30미터 크기의 나무가 보인다. 손으로 잡아보니 서너 뼘 정도 되는 것 같다. 그리 굵지 않기에 세게 불어오는 바람에 중간 허리가 부러질 것도 같은데, 흔들림은 많지 않았다. 수없이 많은 나무들이 함께이기에 바람을 나누어 가져 버티는 것 같았다. 혼자였다면 강풍에 견딜 수 없었을 거다. 신기한 것은 길의 가장자리에는 큰 나무들이 있고 안쪽에 작은 나무들이 있다. 새로운 탄생을 보호하기 위해 자양분을 밖으로 나누어 주는 것은 아닐까? 탄생에는 보이지 않는 희생이 있다. 내가 지금 사용할 수 있는 희생은 바로 '시간'이다. 조금 더 공부하고, 조금 더 노력하고, 조금 더 애쓰는 시간에 희생으로 내 안에 있는 사원들이 더 크고 더 높게 자랄 수 있도록 희생하고 헌신해야겠다.

새벽에 내가 급경사에서 느꼈던 숨넘어감을 날이 밝은 후 오르는 등산객들의 입에서도 똑같이 느끼는 듯했다. 내려가는 급경사 중간에 몇몇 등산객이 정상까지 얼마나 걸리는지 나에게 물었다. "한 시간 반 정도 걸린 것 같아요"라고 답하는데, 스치는 표정이 좋지 않다. 그 시간 내내 경사가 계속될지 모르기 때문이다. 몇 발자국 걷다 돌아서서, "20분 정도 넘어가시면 괜찮으실 거예요"라고 말했는데, 웃으면서 "고맙습니다"라고 답한다. 말이라는 것은 그저 표현이 아닌, 기쁨도 행복도 기대도 될 수 있는 것 같다. 반대로 차가운 말 한마디에는 모든 것이 죽게 된다. 같은 상황에 다른 답을 해보면 알 수 있다. 하산 길에 오르는 등산객들의 질문에 먼저 정상을 오른 게 자랑인 것 마냥 "아직 많이 남았습니다." 또는, "글쎄요"라며 차갑게 답하면 정상까지 2시간 거리를 3, 4시간으로 생각해 포기할 수도 있고, 그때부터 몇 배 더 힘들게 느낄 수도 있다. 전해진 말 한마디에 생각이 지배당한다. 알 수 없어 물었던 질문에 답이 부정이라면 말 다 한 것이나 마찬가지다. 묻고 답할 필요가 없다. 질문이 올 때 답이 중요한 게 아니라 문제의 해결책과 함께 그것에 대한 방법을 주는 것이 중요하다. 우리는 누군가 질문할 때 그들을 포기하게 만드는 답을 너무 자주 하는 건 아닐까? 적어도 내 기준에서는 그랬다. 질문을 받는 순간, 뭐라도 돼 보이려는 '경험적 사치'가 이유였지 않나 하는 생각을 해본다. 지난날 많은 이에게 어설픈 경험을 바탕으로 부정적 답을 준 것 같아 미안한 마음이 들었다.

쉬는 시간을 알리는 학창 시절 종소리와 같은 산행의 끝을 알리는 뻐꾸기의 지저귐이 들렸다. 반가운 뻐꾸기의 인사에 피곤함마저 사라지는 기분이었다. 들려오는 인사에 피곤함이 사라지는 것은 나뿐일까. 오전 7시, 주차장에 도착해 하산을 마쳤다. 오늘도 산을 오르고 내리며 많은 것을 배우고 깨달았다. 그저 나에게 산행은 언제나 감사한 시간이다.

보이는 것이 다가 아니며, 본 것으로 판단하는 것은 더 큰 문제가 될 수 있다는 점을 크게 생각했다. 또 성과란 매일의 부단함이 만들어낸 부속물에 지나지 않다는 것과 같은 일을 함에 각자의 목표나 꿈이 다를 수 있음, 그리고 말 한마디가 모든 상황을 바꿀 수 있다는 것을 배웠다. 참, 쉬지 않고 일했던 지난날이었지만, 최근에는 매주 산에 와서 쉼을 얻고 돌아간다. 그렇게 산은 내게 평화와 배움의 안식처로, 세상에서 가장 크고 넓은 '쉼터'가 되어주고 있다.

오대산

저문 산 아래
쓸쓸히 서 있는 사람아
뒤로 오는 여인이 더 다정하듯이
그리운 것들은 다 산 뒤에 있다
사람들은 왜 모를까 봄이 되면
손에 닿지 않는 것들이 꽃이 된다는 것을

김용택의 詩, 〈사람들은 왜 모를까〉 중에서

오대산
비로봉
해발
1,563m

5월의 마지막 금요일이다. 마감과 다음 달 준비로 정신없지만 흥분되는 시간이다. 월요일까지 긴 연휴가 시작되는데 두 개의 산을 오르는 목표로 들떠 있었기 때문이다. 하지만 연휴에 계속되는 비 소식을 접하고는 기분이 다운되었다. 강풍에 태풍이라니! 고민하다 토요일 하루만 산행하기로 결정했다. 이번에 오를 산은 강원도 평창에 있는 오대산이다. 가족여행이 있어 등산 준비는 전날에 끝냈다.

연휴 전날, 퇴근할 때 허전함과 그리움 그리고 이상한 감정이 뒤엉켰다. 긴 시간 회사 동료들을 보지 못하는 아쉬움도 있었지만, 사원 중에 아이 엄마들이 많아서 그게 마음에 걸렸다. 해야 할 일이 늘어나는 연휴가 그들에게는 되레 힘든 시간이 될 것을 알기 때문이다. 달갑지 않은 연휴가 빨리 지나길 바랐다.

실수를 **두려워하기보다는**

이제는 몸이 적응했는지 알람이 울리지도 않았는데, 2시 30분에 기상했다. 준비를 마치고 바로 오대산으로 출발했다. 이동 거리는 42km다. 날씨는 고요했다. 바람이 세차게 불지 않았어도 긴장되는 건 예정된 비 때문이었다. 순간 어떻게 변할지 모르는 게 자연이다. 구부정한 대관령을 돌고 돌아 주차장에 도착했는데 차량 두 대가 있었다. 차가 있으면 왠지 외롭지 않은 기분이다. 준비를 마치고 산행에 올랐다.

칠흑 같은 어둠 속 비 걱정은 반짝이는 별에 사라졌다. 시작은 완만한 오름이었다. 부지런한 새 두 마리가 대화하고 있었고 계곡에 흐르는 물과 바람에 부딪히는 나뭇가지 소리에 귀가 호강하는 기분이다. 참으로 조화로운 새벽 풍경이었다. 조화란 이처럼 한 소리만 내는 것이 아니다. 어울림은 각자의 색깔을 이해하고 받아들여야 한다. 한쪽에 치우친 건 일방통행이다. 다 본 것 같아도 걸어온 길은 볼 수 없다. 조화란 단면이 아니라 내면이자 네(앞뒤, 양옆)면이다. 마음으로 이해하려면 같은 길을 보고, 걷고, 함께 느껴야 한다. 기울면 무너지기 마련이다.

잠시 멈춰서 물 한 모금 마시는데, 고요와 적막이 남았다. 불을 끄고 희미하게 보이는 길을 그대로 걸었다. 걸어온 길이 밟히는 돌과 자갈 소리로 거슬렸다면 지금은 마치 굵은 모래를 밟는 기분이랄까. 소리도 아작아작 좋지만 부드럽게 발에 밟히는 돌과 흙, 모래가 섞여 귀에 전해지는 느낌이 좋았다. 빛이 꺼지면 이처럼 다른 세상이 있다.

나무 사이 겹겹이 이어지는 산등성이를 비집고 일출이 시작되지만, 내게는 집으로 돌아가는 길의 석양으로 보였다. 새로 시작되고 다시 지는 하루가 평온하길 바라서였을까. 내게는 가끔이지만 함께하는 사람들에겐 내일의 기대와 오늘의 여유를 선물하는 노을이고 싶었다.

그런데 뜻 모를 불안감에 뭔가 느낌이 좋지 않았다. 지나친 표지판에 km만 보고 걸었는데 역시나 길을 잘못 들었다. 그렇게 이십 분을 다시 내려갔다. 집중력이 좋지 못한 걸까? 서두름 탓이었다. 여태 길을 잃는 것에 후회나 질타를 해본 적이 없었다. 하지만 오늘은 아니었다. 은연중 버릇처럼 잘난 맛이 남아있다는 것을 알았다. 달라졌다고 생각했지만 근거 없는 자신감이 몸에 배어 나온 결과다. 언제쯤 이기적이고 부족함이 물든 지난날과 지금의 나를 지울 수 있을까. 가을이 지나 겨울이 오면 떨어지는 잎처럼 하나둘 비우고 지워지려나.

되돌아온 곳에서 숲속 계단이 시작된다. 돌아왔기에 에너지 소비가 더했지만, 이것도 내 선택이었기에 괜찮다고 생각했다. 당연함이란 어려움을 '스스로 겪을 때' 아름다운 것이다. 타인에게 바라는 것은 모자란 짓이다. 잘못을 반성하는 데에는 이유가 없다. 하지만 상대에겐 당연한 것은 없다고 여겨야 한다. 더군다나 모르는 관계에 당연함은 없다. 문제는 아는 사이다. 정보가 있거나 한두 번 만나면 으레 위아래가 생긴다. 당연함의 다른 말은 '오만'이다. 혼자 뽐내는 자만보다 더 나쁜 게 오만이다. 당연함을 나 자신에게만 사용하기로 못 박는다.

미국의 마틴 루터 킹은 "계단의 처음과 끝을 다 보려 하지 마라. 그냥 발을 내디뎌라"라고 했다. 끝을 알 수 없는 계단을 걷고 있지만 앞을 보지 않는다. 시작이 중요하다. 너무 많은 고민과 생각은 필요 없다. 차라리 실수하는 게 낫다. 지금 할 일을 해야 한다. 사원들에게 있어서도 쫓기는 불안함과 답답함은 매일 해야 할 일을 하지 않기 때문에 비롯된다. 이런 마음은 일상의 수많은 실수와 실패를 치료한다. 지금 집중하는 사람은 흔들림이 없다. 상처와 아픔에 대한 백신은 '지금'에 있다.

눈 사이가 계속 불편했다. 뭔가 싶었는데 거미줄이다. 계속 눈에 걸렸다. 열 번쯤 떼어내며 걸었지만, 도저히 되지 않아 나무 자락을 집어 들고 얼굴 앞쪽, 검도 포지션에 두니 좀 낫다.

뿌리가 다른 두 나무가 **하나가 될 수 있었던 이유**

마지막 봉우리 상왕봉에 도착했다. 시원한 바람에 등에 맺힌 땀은 연기처럼 사라진다. 다시 이동하는데 계속 내리막이 이어졌다. 또 잘못 길을 들어섰나 했지만, 문득 지나온 길에 산등성이를 보았던 게 떠올랐다. 다른 봉우리로 가려면 내리막과 능선은 불가피하다. 내게 산은 언제나 '오른다'였기에 지금껏 눈치채지 못했다. 그래서 내리막을 만나면 당황하고 불안했다. 산에서 배움과 가르침이 스며들 때면 참으로 달콤하다. 삶의 여정도 이와 같다. 산은 이어져 있다. 함께 사는 세상, 타인의 삶에 능선이고 싶다는 생각을 하게 된다.

동화 같은 숲을 걷는데 기괴한 광경과 마주했다. 하나의 뿌리에

굵은 나무 열 개가 자라고 있었다. 가지는 위에서 나뉘지만, 한 뿌리에서 시작해 여러 나무로 자란 모습이 참 신기했다. 어떻게 저렇게 자랄 수 있을까? 그래! 일단 뿌리가 단단해야 버틸 수 있다. 따뜻한 목소리, 안김, 사랑, 이해라는 이름의 어머니가 떠올랐다. 언제나 그곳에, 같은 마음으로, 모두를 사랑하는 이름이다. 그리운 마음에 나도 모르게 울컥했지만 참았다. '있을 때 잘하라'는 말을 기억하며 눈물도, 보고 싶은 마음도 지웠다. 실행이 중요하다. 산행이 끝나면 뵈러 가야겠다.

6시 30분 오대산 정상인 비로봉에 도착했다. 이미 네 사람이 정상에 올라와 있었다. 순서를 기다려 사진 한 컷을 남겼다. 좀 더 머무르며 자연을 만끽하고 싶었지만 안개가 심해 정상에서의 풍경은 뒤로하고 하산한다. 내려가면서 아까 보았던 나무들을 자세히 보니 반이 잘려 한쪽은 죽어 있었다. 다른 쪽도 마찬가지지만 가지에 잎을 피우고 있다. 마지막 잎을 피운 것인가, 보이는 것들을 이해할 수 없다는 생각으로 걷는데 안내 문구가 보였다. '주목은 살아서 천 년, 죽어서 천 년을 산다고 한다' 문구를 보고 나니 그렇구나 하며

수긍은 했지만, 전부 이해할 수는 없었다. 그게 자연인 것 같았다. 살다보면 특별해 보이는 관계가 있다. 중요한 건 당사자들은 특별할 게 없다는 거다. 내가 맺은 관계만 소중한 것이 아니다. 이해할 수 없는 관계도 존재한다. 잘 알지도 못하면서, 타인의 관계에 대해 왈가왈부하는 것이 맞는 것일까?

오대산 능선을 걸으며 신비한 나무들을 많이 볼 수 있었다. 서로 엉겨 붙어 마치 하나가 된 것 같은, 위로 뻗은 나무에 가지가 아래서 위로 꼬이고 또 풀려 있었다. 그야말로 자유자재라는 말이 딱 들어맞았다. 왜 이런 생각이 나는 걸까 하며 의아해하는데, 지난번에 다녀온 태백산에 정갈하고 바르게 서 있던 나무를 봐서일까? 나무의 문제가 아니라, 자라온 환경이 다르다는 것을 인지했다. 본부 운영에도 새로운 변화가 필요하지만, 갑자기 너무 큰 변화는 '요구'로 받아들여지기 쉽다. 그렇게 느끼기 전에 우선 '인정'을 구해야 한다. 필요에 의한 시작이지만, 변화란 이름 자체가 억지냐의 문제다. 제대로 된 변화는 서로 지킬 수 있는 명분이 있어야 하고 명분은 이해로 시작되어야 하며, 지속 유지되기 위해서는 정리된 자유가 필요하다.

두 나무가 딱 붙어 서로의 몸을 안고 있다. 서로 다른 뿌리에서 자라 어떻게 하나인 것처럼 만들어질 수 있었나? 주변 나무보다 훨씬 더 단단해 보이는 것은 틀림없다. 분명 처음부터 하나의 몸은 아니었을 것이다. 일방적 관계는 없다. 상대를 인정하는 것이 필요하다. 각자의 가치관이 다르기 때문에 좋은 관계를 만들어가기 위해서는 상대의 생각과 마음을 인정할 수 있어야 한다. 한쪽으로 기울어진 관계는 지속되지 못한다. 서로의 방향에 협의가 필요하다. 두 나무가 어느 순간 협의 없이 각자의 방향으로 자라나고 뻗어갔다면 부러지거나 수명을 다했을 것이다. 서로 협의해 동일한 힘과 방향으로 자랄 수 있었기에 이렇게 사람들에게 아름다움과 신비함으로 기억될 수 있었을 테다. 대립은 언제나 존재하고 또 필요하지만, 대립을 예측하고 준비할 수 있다면 그게 베스트다. 내 상황에 따른 판단을 할 것이냐, 상대를 이해한 마음으로 대할 것이냐의 차이다. 그로 인해 대립이냐 화합과 통합이냐의 결과가 남을 뿐이다.

하산할 때 벤치나 반듯한 돌에서 잠깐 여유를 즐기고 싶었다. 하지만 쉼 없이 걸었다. 여유가 주는 차분함과 유연함은 길지 못하다고 느꼈기 때문이었을까? 경쟁과 경제력에 집착하는 삶이다 보니 어떤 여유든 찾기가 쉽지 않다. 여유는, 일상을 버리고 얻는 것과 일상에서 얻는 것으로 나뉘는데, 대부분 여행을 떠나거나 처해진 환경을 벗어나는 것에서 찾는다. 하지만 일상의 여유는 기준이 내가 아니라 타인에 있다. 내 시간을 타인과 세상을 위해 쓰는 사람들에게 여유를 볼 수 있다. 타인을 위해 쓰는 시간에 불안감은 없다. 나 하나 잘 되자고 살면 불안과 압박이 남는다. 남 도울 시간이 없다면 여유는 평생 물 건너간 것이나 마찬가지다. 주변을 돌아보고 일상에서 할 수 있는 봉사를 찾아 실행해야겠다.

한 나무 앞에 멈춰 서니 움직임이 느껴졌다. 혼자 있는 아기 새다. 홀로 슬픈 시간을 감내하고 있었다. 아무 소리도 내지 못하는 아기 새는 버려진 것인지, 떨어진 것인지, 어미 새가 올 것인지 하며 걱정 어린 시선으로 바라봤다. 그렇게 한참을 구부려 앉아 어미를 기다렸지만 나타나지 않았다. 이내 발걸음을 옮겼다. 하산을 마치고 돌이켜 보니, 아기 새를 그대로 두고 온 것이 못내 아쉬웠다. 하지만 이 또한 자연의 순리가 아닐까 하는 생각도 있었다. 그렇더라도 나와 함께 일하는 직원에게는 방치보다는 따뜻한 손길이 더욱 절실할 것 같았다. 연민하고 보듬고 함께하는 것이 인간의 삶이기 때문이다.

좌측으로 브로콜리 공장이 보였다. 새벽에 간단한 식사를 하고 산행을 해서 그런지 먼 산을 보면 자꾸만 고추장이 떠올랐다. 내리막이 계속되고 경사도 좀 있었다. 물론 태백산 정도는 아니다. 그래서일까? 걸음을 측정해 보니 태백산에서보다 1.5배 이상 더 걸었지만 지난번보다 덜 걸은 듯하다. 경사가 조금만 차이가 나도 느낌은 완전히 다르다.

새벽에 들리던 새들의 노래는 가시고 계곡 소리만 남아있었다.

확실히 흐르는 물과 새들의 듀엣이 좋았다. 등산로와 조금 떨어져 있어 잘 보이지는 않지만 소리만으로 이미 계곡에 들어선 느낌이었다. 신기하다. 계곡 옆을 걸을 때보다 물소리가 더 청명하게 들리는 이유는 무엇 때문일까? 보이지 않기에 보고 싶은 마음으로 더 절실해서 그런 듯싶다.

이건 뭐지? 다른 산은 새소리가 하산을 알리는데, 이곳은 다람쥐들이 주차장 입구를 점령하고 있었다. 분명 뭔가 달라는 것 같은데 난 지금 브로콜리조차 먹지 못하고 있으니 줄 게 없었다. 나를 뚫어져라 바라보는 다람쥐에게 미안했지만 주차장으로 향했다.

5시간 30분을 걸어 도착한 주차장은 난리다. 등산객으로 인산인해다. 주차 자리가 없는데도 차량은 연이어 들어오고, 선크림을 바르는 사람, 등산 가방을 메는 사람들로 가득했고, 식당에까지 사람들로 붐볐다. 노랑, 주황, 분홍 모자를 쓴 산악회 사람들이 함께 식사를 하고 있었다. 함께 산행을 하는 사람들을 보니 기분이 좋았다. 하지만 부럽지는 않다. 나를 찾고 반성하는 시간도 한없이 부족한 나는 아직 혼자가 맞다.

오대산은 나에게 조화로움과 여유의 의미를 다시금 생각하게 해줬다. 내려오며 계속 머릿속을 떠나지 않는 아기 새 걱정에 편치 않은 마음이지만, 다음 산에 오를 때 힘찬 날갯짓에 인사를 바라며 산행을 마쳤다.

집으로 돌아가는 대관령의 80% 급경사를 사이클과 롤러스키로 오르는(나중에 차로 올라보니 10km 굽이에, 20여 분 이상 걸리는 것을 보고 당황했다) 자신의 한계에 도전하고 있는 사람들을 보며, 언젠가 걷고 있을 Top3 종주를 떠올렸다. 큰 변화는 아니지만, 조금씩 사람으로 변해 가고 있는 시간이 감사하다. 지난날, 성공을 위해 이기적인 행동과 태도로 타인에게 상처와 아픔을 주며 살아왔던 시간을 반성하고 있는 지금이 이렇게 행복할 수 없다. 가진 것은 없어도 주변을 돕고, 상처를 하나씩 치유해 주는 사람이 되고자 한다.

함백산

별을 보고 걸어가는 사람이 되어
희망을 만드는 사람이 되어
봄눈 내리는 보리밭길 걷는 자들은
누구든지 달려와서 가슴 가득히
꿈을 받아라
꿈을 받아라

정호승의 詩, 〈희망을 만드는 사람이 되라〉 중에서

咸
白
山
1,572.9m

성장에는 **실패가 없다**

수요일 아침 조회에서 직원들에게 "이번에 입사(신입사원) 기네스를 찍으면 저 휴가 한번 다녀와도 되겠습니까?"라고 물었고, 모두들 "네"라고 답했다. 목표는 15명을 제시했고 달성되면 설악산 종주로 무박 15시간을 떠나고 싶다고 했다. 종주라는 도전은 그냥 오래 걷는 것을 목표로 하지 않는다. 나를 개조하고 싶은 시간이다. 금요일, 이미 목표를 초과해 21명이 되었다. 함께하는 이들의 성장을 볼 때면 어항을 탈출해 바다를 찾은 물고기가 된 기분이다. 그렇게 20년 동안 쓰지 않던 '첫 휴가'를 사원들이 주는 선물로 받게 되었다.

목요일 오후에는 집필 중인 책에 관해 이야기하기 위해 메리츠

화재 CEO 김용범 부회장님을 뵙고 왔다. 부회장님의 고견 중에 특히 "행복은 끊임없이 움직이는 표적이다. 맞추기 어렵다. 행복을 찾으려 말고, 좀 더 나은 내가 되기 위해 살아야 한다. 그렇게 생각하면, 해야 할 것들이 구체적으로 정해진다. 그 길에 자연스레 행복을 느낄 때가 많다. 중간에 뭔가 뜻대로 안 돼도 괜찮다. 계속 걸어갈 길이기에"라는 말씀이 기억에 남는다. 행복을 찾기보다 성장에 집중하는 것이 중요하다는 말이다. 성공은 실패가 따라다녀 선택적인 문제지만, 성장에는 실패가 없다. 강박이 아닌, 즐겁게 '나아지는 것'이 바로 성장이다. 부회장님은 산을 잘 알고 있는 것은 물론, 설악산과 지리산 종주까지 하셨고 내가 다녀온 산을 말하면 각각의 산에 대해 부회장님이 느꼈던 설명까지 해주셔서 적잖이 놀라곤 했다. 교수님이 한 분 더 생긴 느낌이랄까. 그렇게 책과 산에 관한 대화를 마치고 돌아가는 길, 많은 사람들에게 응원받는 지금이 행복하다고 생각했다. 되돌아보니 현재 느끼는 감사함도 시작은 '나'였다. 책과 산으로 바뀌어 가며 감사를 표현하기 시작했고, 지금은 스스로 스며드는 모든 것에 감사하는 마음이 되었다. 애써 찾으려 노력하던 감사가 이제는 '늘 하는 것'이 된 것이다.

이번에 오를 산은 강원도 태백에 있는 1,573m 함백산이다. 집에서 212km나 떨어져 있어 산행 전날 숙소로 이동했다. 3시간 40분 걸려 도착한 태백 편의점에서 지난번 실수를 기억해 햇반을 데우고 숙소로 들어갔다. 실수는 즐거운 것이다. 보이지 않는 나아짐을 선물한다. 씻고 반주를 곁들인 식사를 마친 시각은 밤 9시. 곧 있을 산과의 데이트에 서둘러 잠을 청했다.

일요일 새벽 2시 28분에 일어나 두문동재 탐방지원센터로 이동했다. 어제 날씨가 맑아서일까? 맑은 하루를 기대해 본다. 도착 5분 전, 고라니 두 마리가 길을 막고 있었다. 깊은 대화 중인지 차가 온 지도 모르는 것 같았다. 지금은 그들의 시간이고 불청객은 나다. 클랙슨은 비켜줄 때까지 울리지 않았다. 그들은 곧 길을 내어줬고 3시 50분 주차장에 도착했다. 준비를 마치고 걸으려는데 등산로가 길 양쪽에 있다. 두리번거리다 가까운 곳에 안내판을 보는데 그곳이 아니기에 맞은편 길로 걸어갔다.

언제나 처음 걷기 시작할 때 숨이 가쁜 이유는 힘들어서가 아니다. 두려움에 긴장되고 무섭기 때문이다. 함백산은 다른 곳보다 더 어둡게 느껴졌다. 플래시를 위로 올려보니 가지와 잎사귀가 하늘을 가렸다. 설상가상 뭔가 쫓아오는 소리가 들렸다. 일단 걸음을 멈춘다. 호흡은 망가지고 정신은 온데간데없다. 절대 쓰지 않겠다고 다짐했던 교수님의 종을 꺼내 가방에 장착했다. 장착 전 입으로 '워이워이~' 소리를 내며 종을 위아래로 계속 흔들었다. 그렇게 혼자만의 쇼를 끝내고 다시 걸었다. 우습지만 일부러 가방을 흔들며 걸었다. 선물 받은 종을 쓰지 않으려 했던 이유는 잠든 자연을 방해하고 싶지 않아서다. 조금 더 걷자 원시림 숲이 나오고 몸을 낮추어 걷는

다. 이어지는 돌계단에서 잠시 쉬는데 종소리가 멈추니 동물 움직이는 소리가 다시 들려와 걸음을 재촉한다. 어쩌면 들리지 않는 소리를 억지로 찾아 동물 소리로 착각하고 있는지도 모르겠다. 두려움은 언제나 상상과 함께 오기 때문이다. 별것 아닌 일에도 두려움이 수반되면 괜스레 걱정과 근심이 풍선처럼 부풀어 오른다. 그런데 간절한 사람에게 두려움은 없다. 가슴 뛰는 목표와 열정이 있을 뿐이다. 어려워 보이는 일도 주저 없이 시작한다. 결과가 아닌, 과정으로 인식하기 때문이다.

왼쪽 어깨를 들썩이고 오른쪽 엉덩이를 빼며 걸었다. 소리를 크게 내기 위해 자체 방어시스템을 가동했다. 20분쯤 걸어 은대봉에 도착했다. 다시 내리막길 능선이 시작된다. 확실히 내리막에서는 종소리가 크다.

조금 더 오르니 정적을 깨는 새소리가 들려왔다. 등산화 통증은 이제 완전히 없어졌다. 풀고 조이고를 반복하며 오른 시간이 꽤 길었지만, 결국 느슨하게 하니 통증이 없어졌다(내 기준이다). 등산화 끈은 단단히 매야 하는 게 당연하다고 생각했는데 결과는 반대였다. 새로운 방법과 시도는 기존의 관습을 깨야 한다는 것을 깨닫게 된다. 긴 시간 통증은 있었지만 짜증은 없었다. 사회에서의 새로움도 그것을 시행하는 리더의 세포 상태가 중요하다. 세포는 연결돼 있어 반응으로 나타난다. 건강한 몸에서 비롯된 정신은 다시 몸을 컨트롤한다고 말한 적이 있는데, 이것이 지속될 때 비로소 진짜 긍정에 반응이 나타난다. 그렇게 만들어진 긍정은 억지도 아니고 순간도 아니다. 지속이다. 월보웬은 『불평 없이 살아보기』에서 "하나의 포도는 다른 포도를 만날 때 색깔을 바꾼다"라고 말했다. 한 송이의 포도가 전체에 변화를 주는 것이다. 리더의 일상이 조직을 죽이기도 살리기도 한다. 리더의 현재 상태가 중요하다. 매일 변하는 응대, 말투, 표정은 전혀 도움이 되지 않는다. 좋은 날엔 웃고, 별로인 날은 무겁고, 유기농으로 키우는 사과에 농약을 뿌리는 것과 같다. 키울 순 있어도 팔 수 없다. 좋은 리더가 되고 싶다면 첫째도 몸, 둘

째도 몸이다. 그리고 셋째가 가장 중요하다. 바로 '지속'이다. 리더의 긍정은 조직에 스며들고 그것의 지속은 성장이라는 전염으로 이어진다.

은대봉에서 이어지는 능선과 내리막이 꽤 길었다. 수월한 길이었지만 돌아오는 길에 다시 오를 것을 생각하니 반갑던 내리막도 그만 끝나길 바란다. 최근에 오른 산에서 얼굴로 받아낸 거미줄이 한 타래는 되는 것 같다. 이 정도면 거의 스파이더맨 수준이다. 요즘 피부 좋아졌다는 얘길 많이 듣는데, 거미줄을 떼어내려 손으로 얼굴을 문지른 덕분인가? 생각해 보니 그럴 법하다.

반가운 오르막이 시작되었다. 내려온 것 이상으로 올라야 할 텐데 하는 부담감이 밀려온다. 능선에 오르니 울창한 숲이 나왔다. 새들이 하나에서 둘, 둘에서 셋으로 합창을 부르자 잠에서 깬 해가 기지개를 켰다. 4시 46분, 언제 그랬냐는 듯 이미 어둠은 가방에 들어간 종처럼 사라지고 희미하게 길이 보인다. 말할 수 없는 기분이지만 아주 희미하게 보이는 이 시간이 참 좋다. 오르막에 땀이 나기 시작해 잠바를 벗어 가방에 넣으니 무겁다. 당연한 건데 기분은 묘하다. 괜히 벗은 건가 싶다. 옷의 무게가 더해져 어깨에 전해지기 때문이다. 몸이 가벼워지지 않는 이유를 생각해 보니, 원래 내 몸에 있던 거다. 애써 덜어내도 찝찝하고 변화를 느끼지 못하는 건, 외부 탓을 해 관계를 정리했을 경우와 같다. 문제는 '탓'이다. 필요에 의해 찾았음에도 불구하고 지금은 필요 없다고 느끼는 것이다. 관계를 정리하기 전, 상대방 생각은 하지 않고 내게 필요함이 있고, 없고를 따져 상처를 주는 것은 아닌지 돌아보기로 한다.

나무를 잡고 오르는데 손이 살짝 찢어졌다. 상처가 크지 않아 물티슈로 감아 누르고 계속 올랐다. 관계에서 생기는 상처는 무엇에서 올까? 소소함에서 비롯되는 어긋남이 아닐까? 큰 문제가 있을 때 그에 상응하는 사과를 하게 되면 받는 사람도 이해하게 되는 걸 봐왔다. 중요한 건 '작은 문제'다. 말 한마디 실수로 틀어지면 감당이 안 된다. 내가 편하게 던진 말에 상대는 '어떻게 이럴 수 있어?'라며 '진심'이라 믿고 상처받기 때문이다. 내 마음은 별거 아니라고 생각한다. 하지만 그 별거 아닌 일상의 대화가 관계의 전부다. 편하고 친하다고 해서 하고 싶은 말 다 하고 멋대로 행동하는 건 '나는 혼자이고 싶어요'라고 광고하는 것이나 마찬가지다. 사회에서 왕따는 스스로 고립된 이기심이라는 이름이다. '마음 상했어'라는 말은 작은 것에서부터 비롯된다는 것을 다시금 되새겨본다.

실수와 실패에는 **반드시 의미가 있다**

일출이 시작되면서 정상에 가까워지는 기분으로 오르막을 뛰기 시작했다. 그렇게 도착한 곳은 정상이 아닌 헬기장이었다. 나도 모르게 일출에 집착하고 있었다. 일출을 목표로 오른 산이 아니었지만 볼 수 있을 것 같은 마음에서다. 이미 늦었다는 걸 알기에 완벽한 일출을 기대하며 뛰지는 않았다. 그저 정상에서의 해 오름을 보고 싶었을 뿐이었다. 정상 1.2km. 다시 발길을 옮겼다. 마지막 능선에서 옛 선인들이 모여 도란도란 이야기 나누며 식사했을 법한 돌들을 본다. 오랜 시간이 지나 자연적으로 보이지만 물리적으로 만든 것이 맞다. 그곳을 보며 따뜻함을 느꼈다. 가족, 친구, 지인, 동료와 함께 앉아 즐거운 대화를 할 때 참 정겹

고 좋다. 그런 시간을 보내는데 준비물이 있다. 바로 귀다. 마음을 열고 들어주는 것이 전부다. '경청'이라 말하면 방법을 찾게 되지만 '정감'은 따로 방법이 필요 없다. 자신과 타인을 동일선에 두고 듣는 것이 필요하다.

능선의 중간쯤 산인들이 흔히 말하는 너덜 길이 나온다. 물론 중간을 경유하는 짧은 길이지만 긴장되는 마음이 이는 것은 설악산 종주 길이 상상되기 때문이다. 걱정과 설렘, 흥분과 기대, 만감이 교차한다. 2시간 정도 계속된 산길이 끝나고 마지막 천국의 계단을

오른다. 계단이 끝난 길에서 다시 80도 경사의 오르막을 지나 드디어 정상에 도착했다. 시간은 5시 56분이다. 이곳에도 제단이 있는 걸 보니 함백산은 비슷한 이름의 태백산과 친구가 분명하다. 인스타그램에서 구름이나 안개에 뷰가 가려질 때 흔히 '곰탕'이라고 한다. 매번 구름과 안개를 데리고 다니는 나는 '설렁탕'이 더 어울리겠다! 하산 전, 정상석을 바라보며 '태백산이랑 잘 지내라' 하는 혼잣말을 남기고 내려간다.

나무가 잘려있어 속이 궁금해 들여다보니 이끼와 이름 모를 풀잎, 꽃과 같은 생명이 자라고 있었다. 잘린 모습만 보면 아픔이지만 그 속엔 탄생의 기쁨이 있었다. 실패나 패배는 단편적이다. 그것이 주는 선물에 집중해야 한다. 분명한 건 실수와 실패에는 반드시 의미가 있다는 것이다. 매번 같은 실수나 실패를 하는 경우 이유는 한 가지다. 의미 부여를 잘못했기 때문이다. 하지만 실패했다고, 실수했다고 저절로 나아지지 않는다. 의미를 찾아야 반복을 막을 수 있다. 나아짐이라는 기준은 어디서 오는가를 다시 한번 각인해 본다.

이야! 오르는 길에 얼굴을 훑으며 만세로 걷어 낸 거미줄이 하나도 없어 세상 편한 느낌이다. 다시 시작된 오르막 능선에 오르자 여자분 셋이 간식을 먹고 있었는데 지나가는 나를 보고는 "저기요, 여기가 '중함백'인데 인증하고 가셔야죠? 다시 오시려구요?" 하고 말했다. 그래서 나는 "아 저는 괜찮습니다"라고 말하니 이상하게 쳐다봤다. 돌아서 내려가는 길에 인증이 중요한가? 하며 마음에 담으면 된다고 생각하지만, 다시 생각해 보니 시간이 지났을 때 꺼내 보면 선명하게 기억할 수 있을 것 같았다. 그나저나 본래도 관심이 없었지만 인증하고 싶어도 인증센터가 열기 전에 집에 가고 있을 것이기에 고민할 이유가 없었다.

함백산에는 옆으로 누워있는(정말 바닥에 딱 붙어 있다) 나무들이 참 많다. 다니는 사람들에게 편한 길을 내주기 위해서인지 아니면 사람에게 손과 발길이 닿는 게 싫었던 건지는 모르지만, 숲 안쪽에는 누워있는 나무가 보이지 않고 등산로 주변에서만 보이는 것을 보면 후자가 맞는 것 같다. 이러니 자연을 더욱 소중히 대할 수밖에. 본래 뻗어야 할 곳이 아닌 곳으로 휘어져 있어 나무에도 고통의 시간이 있었을 것이다. 편해 보이는 나무에 앉지도, 예쁜 꽃을 꺾는 일도 없어야겠다고 다짐한다.

산마다 모두 다르지만, 이곳은 나무가 울창한 숲에 하늘을 뒤덮은 나무까지 그야말로 사방이 푸르르다. 눈이 맑아지는 기분이다. 걷고 있는데 앞에 동호회 네 사람 정도가 일렬로 걷고 있었다. 뒤따라서 가니 대화 소리에 집중도 잘 안되고, 등산로도 좁아 거리를 두고 걸었다. 바람이 나무를 스치는 소리가 마치 파도 소리와 같았다. 쉬~ 들어오고 잔잔해지더니 다시 쉬~ 하는 것이었다. 산에는 운해만 있던 게 아니었다. 동해의 파도가 이곳까지 밀려오는 듯했다. 산에서 파도를 만나게 해준 앞서 걷던 동호회 사람들에게 마음속으로 감사 인사를 전했다. 멈춰 서서 눈을 감아본다. 눈앞에 파도가 치고 있다. 산에서 만난 파도, 나는 지금 바다 위 한가운데 서있다.

산에서 가끔 아무 생각 없이 걷는다. 정해 놓은 목표가 있고 방향이 올바르다면 정상에 도착한다. 우리는 매일 몸을 움직인다. 그것이 '의지'인지 '의식'인지가 중요하다. 잘못된 의식에 습관은 몸에 괴로움을, 생각에는 피폐함을 부른다. 어떤 일이든 억지는 안 된다는 말이다. 흔히들 억지 쓴다고 하는데 잘 안될 일을 무리하게 기어이 해내려는 고집이 억지다. 중요한 의미는 '쓴다'이다. 삶에서 가장 소중한 시간을 '써서 버린다'는 것이다. 시간은 금이다. 하루를 보내는 데에 의식적인 행동은 없는지 스스로 돌아본다.

숨을 고르려 잠시 멈춘 곳에서 등으로 느껴지는 바람도 계속 이어지지는 않았다. 언제나 바람은 그냥 계속 '분다'라고 생각했는데 이곳에서는 툭툭 불어와 등을 다독였다. 모든 것에는 흐름이 있다. 흐름이란 계속 흐르는 게 아니다. 멈춤도 있어야 한다. 삶에서 끊임없이 치열하게 살아오던 내게도 지금 이렇게 멈춤이 있다. 이 시간은 내게 위로와 긍정, 그리고 수많은 것들을 넘어 건강한 휴식을 선사했다. 산에서 내려가 삶 속에 스며들 때면 종일 웃음으로 보내고 있을 테다. 감히 행복하다고 말하고 싶다. 네 것 내 것, 네 문제 내 문제를 넘어 모든 것을 품고 안은 지금의 나는 세상 누구보다 행복한 사람이다. 산에서 배움과 쉼을 얻을 수 있어 무한한 감사와 경의의 마음을 가진다.

바람보다 새소리가 가까워지는 걸 보니 산행의 막바지라는 것이 느껴졌다. 곧 표지판이 보이고 마지막 0.5km라는 문구. 발걸음이 가벼워지는 건 새벽의 두려움과 무서움에 호흡곤란이 있던 시작 지점이기 때문이었는데 뭔가 좀 이상했다. 오를 때는 밟기 좋은 길이었는데, 지금 보니 발목이 접질리거나 넘어질 만한 돌들이 군데군데 보였다. 밟는 곳이 아닌 길 전체가 보이니 그런 것이었다. 새벽에는 발 디딜 곳 외에 볼 수 없었다. 너무 많은 것이 시야에 들어오면 보지 않아도 될 것까지 보게 된다. 많이 보고 많이 듣는다고 다 좋은 게 아닌 것 같다. 일을 할 때도 마찬가지다. 어떤 일을 시작할 때 너무 많은 리스크를 생각해 오래 고민하는 것은 좋지 않다. 어차피 고민해도 답은 없다. 목표가 확실하고 충분히 계획했다면 즉시 실행해야 한다. 해보지 않고 문제를 예측하는 것은 노스트라다무스

함백산

의 지구 종말 예언과 같다. 내가 산을 좋아하게 된 것도 이것저것 준비하지 않고 오를 수 있었기 때문이다. 등산화, 등산복, 플래시 등 이렇게 뭔가를 자꾸 붙여서는 시작할 수 없다. 산에 몸을 보내야지, 산에 몸을 맞추려면 평생 아스팔트 위를 떠날 수 없다.

자유롭게 날아가는 새를 보며 아기 새가 떠오른다. 하늘을 자유롭게 노닐 거라 믿는다. 태어나 날지 못할 때 둥지에서 떨어지면 모든 것이 두렵다. 하지만, 두려움을 이겨내 날기 시작하면 어느새 두려움은 잊히고 여유와 편안함이 깃든다. 신입사원이 시간이 지나 안정되어가는 모습을 볼 때 정말 흐뭇하다. 반대로 일을 그만두는 사람도 있다. 마음이 아프다. 돌이켜보니, 성장해가는 이들에게 공통점이 있었다. '지식'이다. 어려움을 이겨내는 비결이다. 내가 놓치고 있다는 것을 깨닫는다.

새처럼 하늘을 날면 아파트는 샌드위치, 자동차는 비스켓, 산은 둥지, 사람은 개미로 보이려나? 가끔 일 좀 하는 사람들이나, '장'을 맡고 있는 사람 중에 무례하고 짜증을 자주 내는 신경질적인 사람들이 있다. 이런 사람은 상대를 기분 상하게 만드는 데 천재다. 왜일까? 내 생각이지만 스스로 뭐라도 되는 것처럼 생각하기 때문이다. 작은 새에게조차 개미로 보일 뿐인데 거만하기 짝이 없다. 벼는 익을수록 고개를 숙인다고 했는데 사람은 고개를 드니, 젊어서 버리지 못하면 지고 가야 할 껍데기만 남을 뿐이다. 거만은 끝내 자신을 괴롭히고 노년에는 쓸쓸함으로 돌아온다. 무례함은 배에 난 구멍이다. 틀어막아도 새어나간다. 항상 겸손해야 하겠다.

11.2km. 3시간 50분을 걸어 주차장에 도착한다. 집으로 돌아가는 길, 도로 옆으로 수천 개의 브로콜리가 각각에 크기로 연결돼 있었다. '산'이라 말하지만 그곳에는 수없이 많은 '산등성이'가 있었다. 곳곳에 나무가 보일 자리에 돌이 보인다. 본래 돌산인데 바람에 씨와 흙이 날려 나무가 나고 새가 찾아오고 물이 흐르고 그렇게 하나에 산이 되었다. 본부 운영도 이와 같다. 아무것도 없는 벌판에 사람들이 찾아와 즐겁게 나무를 심고 물을 기르고 꽃을 심어 노닐 수 있는 곳. 나는 지금 도심 속에 아름다운 산을 만들어 가고 있다. 나와 우리만의 오르고 싶은 산을.

이번 산행에서도 많은 것을 배웠다. 실패와 실수를 돌아봤고 두려움을 이겨내는 간절함, 그리고 겸손에 대해 깨우치는 시간이었다. 언제나 자연과 더불어 무언가를 얻어갈 수 있어 행복하다. 오늘도 나와 함께한 모든 것에 감사의 마음을 전한다.

남덕유산

생각하면

삶이란

나를 산산이 으깨는 일

눈 내려 세상이 미끄러운 어느 이른 아침에

나 아닌 그 누가 마음 놓고 걸어갈

그 길을 만들 줄도 몰랐었네, 나는

안도현의 詩, 〈연탄 한 장〉 중에서

월요일 새벽 3시 매니저로부터 문자가 왔다. '본부장님, 새벽에 호흡곤란으로 응급실에 입원하게 되었습니다.' 가슴이 철렁 내려앉는 기분이었다. 나와 11년간 함께 근무하고 옆자리에서 항상 나를 많이 도와주는 매니저였기에 많이 당황하고 걱정되었다. 의사가 급성심부전이 의심된다고 며칠 입원해 검사받아보라고 했단다. 사원들에게 건강은 자신하는 게 아니라고 강조해왔다. 산을 만나지 않았더라면 지금쯤 중환자실에 있었을 나는 그것을 크게 체감한다. 내 몸에 대한 배신은 먼저 배반한 나로부터 시작된다.

남덕유산

수요일은 구직을 희망하는 사람들에게 업무 관련 프레젠테이션이 있는 날이었다. 15명 기네스를 달성하면 설악산 종주 티켓이 걸려있는. 지난 금요일에 이미 21명이 확정되었다. 요즘은 놀라운 하루하루다. 오프라 윈프리는 "세상 모든 일은 여러분이 무엇을 생각하느냐에 따라 일어난다"라고 말했다. 아름다운 말이다. 기분이 좋은 정도가 아니다. 내가 아니라 함께하는 이들의 꿈이기 때문이다. 타인의 행복에서 오는 '기쁨' 때문에 흥분이 주체가 되질 않는다. 예전에는 그러지 못했다. 안 되면 모든 것을 끌어와 탓하기에 바빴다. 심리학자 앨버트 엘리스는 "저절로 실의에 빠지는 것이 아니다. 실의에 빠지는 데 스스로가 한몫을 한다"라고 말했다. 그게 바로 나였다. 지금은 '탓'보다 '탁'이다. 탁! 하고 떠오르는 아이디어가 계속된다. 끊임없이 방법을 찾기 때문이다. 일이 잘되지 않아도 지치지 않고 더 나은 방법을 찾게 된 이유는 건강해진 내 몸과 생각 덕분이다. 이것은 모두 읽고 걷고 쓰고부터 시작되었다.

지나온 시간에 **지금의 내가 있다**

마지막 산은 경상북도와 전라북도에 걸쳐 있는 해발 1,507m의 남덕유산이다. 산이 정해지면 언제나 설렜는데 이번에는 달랐다. 좀 우울해지는 기분이라고 말해야 할까. 쉼 없이 달려왔던 지난 시간과 올랐던 산, 그리고 걸었던 길이 영화처럼 떠오른다. 길을 잃고 헤매던 시간, 핸드폰을 비추며 걷던 시간과 자연의 풍경, 비경에 놀라고 감탄했던 시간이 한꺼번에 찾아와 울컥해진다. 계속해서 오를 산이지만 이 기분은 설명할 방법이 없다. 어쨌든 이번 산까지의 거리도 200km가 넘기에 하루 전날 이동하기로 했다.

금요일이다. 아침부터 흥분되고 설레는 마음으로 들떠 있었다. 업무를 마치고 숙소로 출발해 3시간 10분을 달려 경상남도 거창,

작은 마을에 도착했다. 편의점에서 도시락과 김치, 소주 두 병을 사 들고 숙소 입구에 도착하니, 입구에 '덕유장'이라고 쓰여 있다.

문을 열면 수증기가 가득하던 어린 시절 목욕탕을 보는 느낌이다. 사모님께서 문을 열어주시는데, 한참을 돌리고 당기고 밀고를 반복하다가 안 되겠는지 남자 사장님을 데리고 왔다. 문이 열렸지만 다 닫지는 않았다. 새벽에 그 문이 열리지 않으면 등산은커녕 119를 불러야 할 판이었기에 두꺼운 쇠문이 부담스러워 어느 정도 열어뒀다. 방 안을 둘러보니, 어린 시절 친구 집에 놀러 온 느낌이다. 문 앞에는 빨래 걸이, 바닥에는 이불이 쌓여있고 옆으로 OO커피숍 오픈을 홍보하는 진한 노란색 수건 두 개가 놓여 있다. 테이블이 없어 식사는 그냥 앉은 채로 먹으려 했는데 둘러보니 문 앞에 오래된 책상이 있었다. 옮겨서 펴봤는데 다리 하나가 부러지고 없었다. 균형을 잡는 데 어려움이 있었지만 음식을 놓을 정도는 된다. 툭 치면 넘어지는 책상에서 조심스럽게 식사를 했다.

욕실에는 어릴 적 누구나 사용했고 군대에서 몸 전체를 닦아내던 알뜨랑과 같은 비누가 있었다. 그것으로 전신을 씻는데 새록새록 옛 추억이 떠올랐다. 시간이 참 빠르다. 나이가 어떻게 들었는지 모르겠다. 이따금 옛날이 그리워지는 건, 특별할 게 없어도 당시의 소소한 행복과 즐거움 때문은 아닐까. 밤 9시 40분, 눈을 감으니 유년 시절의 기억이 필름처럼 그려지고 다시 흐려지며 잠이 든다.

새벽 3시가 좀 넘어 밖으로 나와보니 온 세상이 고요하다. 지난번 고라니와 마주했기에 평소보다 천천히 이동했다. 잠시 후 영각사 주차장에 도착했다. 그 넓은 주차장이 텅 비어 있었다. 3시 30분 산행 시작. 등산로를 찾는데 쉽지 않았다. 이리저리 플래시를 비추며 찾지만, 입구가 어딘지 모르겠다. 일단 오르막길 쪽으로 걷기 시작했다. 몇 분이 지났을까. 올라왔던 길을 다시 내려간다. 올라가야 입구가 나올 거라 생각했지만, 마침 인터넷에서 탐방지원센터 옆으로 등산로가 있다는 것을 기억해냈다. 다시 주차장에 내려와 등산

로를 찾지만 없다. 지체하는 시간이 길어져 마음이 다급해졌다. 오르다 보면 나오겠지 하며 다시 올라갔다. 그렇게 10분을 걷자 희미하게 불빛이 보인다. 어렵사리 탐방지원센터에 도착하고 등산로 입구로 발을 옮겨 걷기 시작했다.

한 명 정도 지날 수 있는 길 양옆으로 나무인지 풀인지 모를 식물이 내 키만큼 자라있다. 그래도 뭔가 확실하게 길과 숲이 나뉘어져 있는 느낌이 긴장을 덜어줬다. 산에 오를 때 숨은 차지만 힘들고 지치는 느낌은 없다. 물론 앞으로 걷게 될 종주는 다른 느낌이겠지만. 요즘은 다른 사람이 된 느낌이다. 조금만 걸어도 힘들다 투덜대던 내가 아니다. 어려울 수 있는 길을 계속해서 걸으면서 산에 오를 수 있는 동력은 바로 '하고 싶어서'가 아닐까 생각한다. 사회생활을 하다 보면 동력을 잃은 사람들을 가끔 마주치게 된다. 그들에게 전기충격으로 따끔함을 주기 급급했던 시절이 있었다. '왜? 아니! 네가 틀렸어'라는 식이었다. 참 못난 시간이다. 그들이 그럴 수밖에 없었던 이유에 대해 생각하거나 이유를 들어보지도 않고 이미 알고 있는 듯이, 다 겪어본 듯이 상대를 평가하기에 바빴다. 이유가 있어도 인정하기 싫었다. 핑계라고 생각했기 때문이다. 이제라도 그들에게 진심으로 사과하고 싶다. 평가는 관계를 정리할 게 아니라면 해서는 안 된다는 것을 뒤늦게 깨달았다.

길 양쪽 바위에 올려진 탑이 인상적이다. 기분이 좋아진다. '맞이'

하는 것 같은 기분에서다. 어렸을 적 집으로 손님이 찾아오면 문 앞으로 나가 인사와 함께 웃음으로 반기던 게 기억난다. 시작이 웃음이니 함께 있는 시간도 즐거웠던 것 같다. 매일 조회 20분 전이면 사무실 문 앞에서 사원들을 맞이한다. 스스로 많이 달라졌다고 하지만 출근 인원이 저조할 때면 분노가 밖으로 나타났다. 그들 잘못이 아닌데 왜 그랬을까? 해야 할 것과 하지 말아야 할 것이 구분되지 않았기 때문이다.

이곳도 함백산처럼 나무와 잎이 하늘을 덮고 있다. 꽤 높다. 갇힌 느낌보다 스스로 들어온 느낌이다. 하늘과의 거리가 높아서인지 안정감이 들었다. 누가 이 큰 돌들을 사람들이 안전하게 걸을 수 있도록 옮겨 놓았을까? 밟는 내내 감사한 마음이었다.

새벽 4시 30분이 되니 새들이 잠에서 깨기 시작한다. 아직 가보진 못했지만 인스타그램에서 보았던 설악산 너덜 길을 이곳에서 만나는 기분이었다. 이리저리 자유롭게 놓인 아득한 돌길을 걷는 게 쉽지 않지만, 설악산 등반 예행연습이라 생각하니 힘들기보다는 '그래! 해보자'라는 마음으로 힘차게 오를 수 있었다. 지금 하고 있는 것 뒤에는 더 담대한 꿈과 목표가 있어야 한다. 그래야 기꺼이 과정을 이겨낸다. 비록 몸은 힘들지라도 설악산 무박 종주라는 목표가 있는 내게 지금은 '별거 아닌' 시간이다.

조금 밝아지는 듯해서 플래시를 껐다. 너덜길에서 불을 껐기에

조금은 위험하지만 되레 안정감이 느껴졌다. 왜냐하면 이곳은 동물이 절대 뛰어다닐 수 없는 곳이기 때문이다. 마음의 평화가 얼마나 중요한지 깨달았다. 오르다 보니 돌탑이 여러 개 모여 있다. 어째서 무너지지 않고 저렇게 서 있을까? 매번 돌탑을 볼 때마다 들었던 물음이 하산할 때 깨닫게 되었다.

걷기 시작한 지 1시간 40분 정도 지났는데 바람이 불어오는 것을 보니 산 중턱쯤 온 것 같다. 조금 더 오르다 만난 천국의 계단. 차라리 너덜 길이 낫겠다는 생각이다. 발아래가 절벽이라 두렵고 무섭다. 양쪽에 핸드레일을 한 손으로 잡고 오르다 이내 두 손으로 번

갈아 잡고 오른다. 기어오른다고 말하는 게 맞을 듯싶다. 정상에 가까워질수록 나무 사이로 힐끗힐끗 보이는 구름의 대이동이 보인다. 드디어 주특기인 바람과 안개가 나를 따라 출동한 것인가. 정상에서 확인해봐야겠지만 설렁탕집 사장님(나)은 오늘도 가게 문을 연 것이 확실하다. 내가 산에 올 때면 매번 이러니 벌써 몇 그릇째인지 모르겠다!

90도 경사의 계단이 마지막인가 싶었지만 아니다. 다시 시작된 돌계단을 지나니 곧이어 나무계단이다. 계단의 끝을 오르자 몇 개의 봉우리가 보인다. 앗! 월악산 추억이 밀려온다. 어디가 끝일까? 모르겠지만 그래도 괜찮다. 모험이 주는 즐거움과 상상이 좋았다. 5시

56분, 드디어 정상에 도착했다. 역시나 아무것도 보이지 않았다. 다른 방향에서 올라온 여섯 사람이 서로 사진을 찍어주고 있었다.

자리를 비켜주시기에 나도 사진 한 컷을 찍는다. 불을 올린 지 한참 되었는지 설렁탕이 생각보다 진해 정상석 외에는 내 시야에는 아무것도 보이지 않는다. 정상석을 뒤로하며 '덕유산과 잘 지내라' 라고 속으로 한마디 말을 남기고 하산을 시작했다. 정상에서 내려와 걸터앉을 곳을 찾아 영양갱과 초코바로 당 충전을 했다.

배려와 **성장의 길**

남덕유산은 덕유산과는 완전히 다른 느낌의 터프함이 있다. 그렇다면 남덕유산에 '남'자가 붙었으니 남자고, 덕유산이 더 부드럽게 읽히니 여자인가? 별별 생각을 다 하게 된다. 별거 아닌 거에 즐거움을 느끼는 건 내가 산을 오르며 조금씩 유해지고 있다는 방증이다.

자연은 순리대로 흘러간다. 나무마다 피고 지는 시기가 다르다. 빠르고 늦은 것도 내가 바라보는 시선일 뿐 자연엔 변함이 없다. 삶도 같다. 일찍 필 수도 늦을 수도 있다. 꽃이 피려면 어둡고 밝은 시간의 반복이 필요하다. 서두르고 욕심 내봐야 피지 않을 꽃은 피지 않는다. 겨울에 꽃이 피길 원하는 건 꽃나무를 심지 않고 기다리는

것과 같다. 얻고 싶은 것에 대한 답은 지난날에 있다. 그것에 시간을 썼는지 아닌지로 나뉜다. 세상에 공짜는 없다. 충분한 노력의 시간이 있어야 한다. 꽃은 반드시 피지만 삶의 꽃은 각자 선택에 따라 달라진다. 지금 내가 원하는 것은 함께하는 사람들의 행복과 성장이다. 내 성장 또한 그 길에 있다. 돈보다 중요한 게 있다고 믿는다. 그 길을 걸을 수 있도록 해준 것이 책과 산이다. 조금씩 성숙해지는 나를 발견할 때면 감사, 행복, 사랑, 이해, 축복, 선물, 긍정, 함께라는 소중한 가치를 느끼며 눈물이 나기도 한다. 함께하는 이들을 배려하고 존중하면서 즐거움이란 성장이 함께하도록 노력해야겠다.

삐뚤빼뚤한 너덜 길에 걸터앉아 잠시 쉰다. 고요함 속 새들의 지저귐만이 들려온다. 각자 다른 소리를 내는데 다 함께 대화 중인 건지 서로 모르는 그들만의 언어인지 궁금해진다. 새가 되어보기 전에는 모르겠지만, 상대방과의 대화에서 그들의 의중과 진심을 이해하기 위해 제대로 들어야 한다는 것을 다시 한번 떠올린다. 사원들과 대화를 많이 하려고 한다. 대부분의 시간을 사무실을 돌아다니는 데 쓴다. 오고 가는 대화에서 칭찬도, 격려도, 위로도 한다. 내 책상은 없다고 생각한다. 본부장 책상은 사원 책상 위에 있다고 믿기 때문이다. 최근 본인은 대상포진으로, 신랑은 간 수치가 높아 입원해 힘든 시간을 보내고 있는 사원과 대화하는데, 괜찮냐는 질문에 아들까지 아프다고 한다. 그래서 혹시 삼재예요? 물었더니 맞다고 하면서 "저희 같이 삼재예요 본부장님"이라고 말한다. 나이가 같으니 맞는 말이다. 그래서 내가 "산을 만나지 못했다면 난 올해 완전히 망가졌겠네, 아웃 되었을 거야 아웃"이라고 말했다. 나도 그도 근처에 있던 사원들도 함께 웃었다. 매일 아침 좋은 글이나 동기부여를 좋은 글을 사원 단체 방에 올린다. 오늘 아침에는 이런 메시지를 남겼다.

나는 오뚜기.
넘어지고 쓰러져도,
누가 때리고 넘어뜨려도,

다시 일어서는
내 이름은 본부장

내게 일어나는 수많은 일들은
나아짐이란 과정일 뿐이다.

그래서 오늘 새벽엔
오뚜기 라면을 먹었다.
순한 맛 먹고 더 순해지자.

긍정만이 살길이니까^^ 오늘도 으랏차!

순해졌다. 만날 소리 지르고 윽박지르던 내가 착해졌다. 가끔 정신 나간 사람처럼 사무실에서 노래도 부르고 계속 웃는다. 왜 이러나 싶지만 나는 현재 긍정을 초월한 영역에 있다. '즐겁다, 행복하다, 잘된다, 기쁘다, 괜찮다' 이런 단어밖에 생각나지 않는다. 대체 무슨 일이 일어난 건지 잘 몰라도 이유가 있다면 책과 산, 그리고 글쓰기다. 이 셋은 나를 바꾸어 놓았다. 완전히 다른 사람으로. 그렇게 나는 '변했다.'

새벽에 지나온 돌탑이 보인다. 어째서 비바람에도 쓰러지지 않는 걸까? 돌과 돌 사이의 '공간' 덕분이다. 바람도 물도 그곳을 지나고 흐른다. 비바람을 이겨낸 이유는 바로 '틈'이었다. 들어가고 나올 곳이 있어서 쓰러지지 않았다. 완벽해지려고 노력하는 것이 삶의 전부라고 생각했던 시간이 있다. 본부장을 처음 맡게 된 4년 전, 강성이던 나는 직원들에게 너무 심하게 굴었다. 물론 잘되자고 한 거지만 방법이 문제였다. 질책이 이어졌고 완벽하다는 믿음과 무조건이라는 무모함이 더해져 화가 됐다. 그것을 계기로 변화하기 시작했지만 화를 덜 내는 것까지였을 뿐 더 나아지지 못했다. 관계에서의 틈은 서로 배려하는 공간과 같다. 나라는 탑에 바람이 지나고 물이 흐르기 시작한 것은 책과 산을 만나면서부터다. 책은 공간을 내주어 이해의 소통을, 산은 신뢰가 무너지지 않게 굳혀 주었다. 압박에 의한 변화는 한계가 있다. 기준이 '타의'이기 때문이다. 책과 산은 '자의'다. 외부의 영향은 스스로 읽고 스스로 오르는 것과 비교할 수 없다. 내 꿈은 오래전부터 자연인이었다. 산에 들어가 '산 사람'으로 살기 전까지는 책과 등산을 놓을 수 없는 이유다. 둘을 놓으면 내 인성과 관계도 죽는다는 생각이다. 틈이 있지만 유연하고 견고한 리더가 되고 싶다.

부는 바람에 계곡의 물소리가 합창에 합류했다. 새벽에 제대로 보지 못해 가까이 다가가 폭포를 바라봤다. 물이 떨어지고 부딪히는 것을 볼 때면 왜 하얗게 보일까 하고 궁금했다. 이유를 알아보니, 물이 고여 있을 때는 빛을 반사하지 않고 통과시키지만, 폭포나 계곡과 같이 떨어지거나 부딪히게 되면 방울방울 분리되면서 빛을 반사하게 되어 흰색으로 보이게 된다고 한다. 자연은 정말 신비롭다. 무에서 유가 창조된다. 가끔은 고여 있는 물을 본다. 잔잔함이 주는 따스함도 있지만 머무름이란 단어가 떠오르기도 한다. 스스로 부딪혀 자신의 색깔을 보이는 사람도 멈춰진 듯 고여 있는 사람도 있다. 멈춤을 흐르도록 만드는 것이 내 일이다. 바라보기만 하는 것은 직무유기다. 잔소리나 같은 말을 반복했던 시간이 길었다. 당시에는 유일한 방법이라고 생각했다. 하지만 늘 변화는 없고 잔소리만 늘어간다는 문제를 느꼈고, 즉시 말이 아닌 그들과 함께하는 프로그램을 만들었다. 결과는 대성공이었다. 고여 있던 물에서 흐르는 물로, 없던 컬러가 생기는 변화가 일어났다.

문득 사람은 왜 스스로 더 좋은 사람이 되려고 노력해야 하는 걸까? 정말 궁금했다. 하지만 답을 찾는 데는 오래 걸리지 않았다. 내 생각이지만 나누기 위해서가 아닐까? 더 좋은 사람이 되면 자연히 주변으로 나누게 되는 것 같다. 적어도 자기 잘난 맛에 사는 돈만 좋아하는 속물이 아니라면 말이다.

가는 길 중간에 '탐방로 아님' 팻말이 보인다. 지나온 시간, 길을 잃고 길을 찾으려 애쓰던 시간이 떠올라 마음이 뭉클해진다. 사실 일반적인 등산을 해왔다면 나는 이렇게 변할 수 없었다. 나와 대화하고 나를 깊이 알아가는 시간은 잃었던 길에 있었다. 보이지 않는 어둠에서 길이 아닌 나 자신을 찾았다. 다시 길을 잃고 싶다는 말은 아니다. 등산은 등산로로 해야 한다. 나란 사람은 못났고 모자람 투성이였기에 일반적인 등산을 해서는 변화가 어려웠던 사람이라고 말하고 있을 뿐이다. 그렇기에 길을 잃고 찾은 것에 감사한 마음이 정말 크다. 팻말을 지나치며 다시 한번 내가 깨우치고 배운 것들을 되짚어 보는데 고마운 마음에 눈시울이 붉어졌다.

오늘도 산행하는 내내 혼자였다. 누구도 마주치지 않은 길을 걸었지만, 수많은 나와 마주한 시간이었기에 외롭지 않았다. 하산이 끝날 무렵은 역시나 등산객들의 출발 시간이었다. 연이어 들어오는 차량과 등산객으로 주차장이 붐볐다. 내려와서 아스팔트를 걷는데 눈이 따갑다. 구름과 안개는 나랑 함께 하산한 건지 어디 가고 없었다. 날씨가 기가 막히다. 산인들이 산을 오를 때 좋아할 걸 생각하니 금세 기분이 좋아진다.

집으로 돌아가는 길, 몇 번이고 뒤를 돌아봤다. 헤어지는 서운함? 오래 있지 못한 아쉬움? 산의 가르침에 대한 감사? 그 어떤 감정인지 알 수는 없지만, 곧 다시 오겠다는 마지막 인사를 남기고 집으로 향했다.

에필로그

마지막 산행을 끝내고 마무리하는 글을 쓰고 있습니다. 참 많은 것을 배웠습니다. 내가 살아온 길을 되돌아보고, 오늘의 나를 점검하고, 내일의 나를 그려봤습니다. 산이 내게 준 가르침, 그리고 나와의 대화를 통해 얻은 수많은 깨달음은 무엇과도 바꿀 수 없는 소중한 것들입니다.

'나'라는 사람과의 대화를 통해 가장 크게 느꼈던 점은 지금의 '나'의 시간은 지나온 시간이 만들어왔다는 것입니다. 우리는 언제나 '지금'을 살고 있습니다. 지나온 것에 대한 미련이나 후회보다는 지금 해야 할 일에 최선을 다하고 즐겁게 사는 것이 중요합니다. 그래야 쫓기는 마음도, 후회도 남지 않습니다. 내 앞에 펼쳐진 어려움 앞에서 독해지려 할 때 누군가 나의 마음을 알아주거나 응원해주면, 그 따뜻한 마음에 감동해 홀로 눈물을 흘렸던 시간도 있었습니다. 당시에는 더 잘해보고자, 꼭 해내고자, 더 독해지자고 마음먹었지만, 나를 따뜻한 시선으로 바라봐주는 주변 사람들에게 감사함을 느끼고 또 표현하게 된 것도 그때부터였던 것 같습니다.

여러분도 주변에 꿈을 꾸고 달려가는, 어려움을 이겨내려 노력하는 사람들을 많이 안아주었으면 좋겠습니다. 지금 리더의 역할을 하고 있는 사람, 누군가를 가르치고 있는 사람, 또 조직 구성원의 장(長)으로서 사원들을 관리하는 사람 모두, 현재 자신의 자리에서 힘들어하거나 어려움을 겪고 있는 사람들에게 먼저 다가가 이해와 배려의 손길을 내밀어주십시오. 그 작은 손길이 그들에게는 더할 수 없는 큰 힘, 이겨내는 원동력으로 다가갈 수도 있습니다. 세상에는 돈보다 더 중요한 게 있다고 믿습니다. 꿈으로 가는 과정에 어려운 시간을 보내고 있는 사람들에게 지난 시간 저 스스로 되뇌었던 마음의 글을 전합니다.

꿈과 목표란 게 그렇더라
어지간히 꾸면 그건 꿈이 아니라,
내가 정한 가식의 틀이 되어
그저 바람과 희망으로 멀리 던져두고 다가가지 못하더라
그래서 꿈이란 건 누가 듣더라도 의심 살만하고,
한심하다고 생각되는 꿈을 꾸고
입 밖으로 누군가에게 계속 말해야 하더라

설마 될까, 아니 안 될걸 하는 의심이 들면
나는 그 의심을 향해 조금씩 보여주면 되는 거더라.
내가 말한 게 맞다는 것을, 결국 내가 해냈다는 것을
세상으로의 외침에서 내면으로 비침이 시작된다고 믿는다.

그리고 제가 산행에서 보지 못했던, 보았지만 새벽 산행에 제대로 보지 못했던 산의 이모저모를 보여주고 있는 인스타 '산인'들에게 감사의 인사를 전합니다. 산을 아끼고 사랑해주셔서 감사하다는 말과 함께, 항상 안산(안전한 산행)하시기를 기원합니다. 그리고 늘 부럽지만, 하지 못하고 있는 일이 한 가지 있습니다. 바로 동행입니다. 언젠가 내가 조금 더 사람다워지면 그때 여러분과 함께 산을 오르고 싶습니다.

마지막으로 사랑하는 딸에게 하고 싶은 말이 있습니다. 저는 이 책을 사랑하는 딸에게 남겨주고자 합니다. 사실 글을 쓰면서 많은 욕심이 생겼습니다. 하지만 금세 알아차렸습니다. 내가 처음 글을 쓰기 시작했던 이유를.

아이에게 가장 소중한 시절, 평일도 주말도, 언제나 아빠는 없었습니다. 함께 시간을 보내주지 못했던 미안함이 다 용서될 수는 없겠지만, 이 부족한 글로라도 그 마음을 전하고 싶었습니다. 아빠는 환경도, 성격도, 인격도, 모든 것이 모자람에서 시작했지만 조금은 나아진 사람이 되었다고, 그리고 사랑한다고 말해주고 싶습니다.

눈물을 머금고 핀 꽃이, 아름다운 군락지가 되는 세상이 오길 바라며.

감사합니다.

산,
또 다른
나와
마주한 시간들

초판 1쇄 발행 2023. 10. 13.

지은이 정성교
펴낸이 김병호
펴낸곳 주식회사 바른북스

편집진행 황금주
디자인 양헌경

등록 2019년 4월 3일 제2019-000040호
주소 서울시 성동구 연무장5길 9-16, 301호 (성수동2가, 블루스톤타워)
대표전화 070-7857-9719 | **경영지원** 02-3409-9719 | **팩스** 070-7610-9820

•바른북스는 여러분의 다양한 아이디어와 원고 투고를 설레는 마음으로 기다리고 있습니다.

이메일 barunbooks21@naver.com | **원고투고** barunbooks21@naver.com
홈페이지 www.barunbooks.com | **공식 블로그** blog.naver.com/barunbooks7
공식 포스트 post.naver.com/barunbooks7 | **페이스북** facebook.com/barunbooks7

ISBN 979-11-93341-60-5 03190